読者・ユーザカード

このたびは小社の出版物をお買い上げいただき、誠にありがとうございました。このカードは、(1) ユーザサポート (2) アンケート集計 (3) 小社案内送付 (ご希望の場合のみ) を目的とし、あくまでも任意でご記入いただくものです。いただいた個人情報は決して他の目的には使用せず、厳重な管理の下に保管いたしますので、よろしくお願い申し上げます。

病院図書館の世界

〈図書館サポートフォーラムシリーズ〉

●この出版物を何でお知りになりましたか?

1.広告を見て(新聞・雑誌名　　　　　　　　　　　　)

2.書評・紹介記事を見て(新聞・雑誌名　　　　　　　　)

3.書店の店頭で　　4.ダイレクト・メール

5.インターネット　　6.見計い

7.その他(　　　　　　　　　　　　)

●この出版物についてのご意見・ご感想をお書き下さい。

●主にどんな分野・テーマの出版物を希望されますか?

●小社カタログ(無料)の送付を希望される方は、チェック印をお付け下さい。

□書籍　□CD-ROM・電子ブック　□インターネット

料金受取人払郵便

品川局承認

4039

差出有効期間
平成30年9月
30日まで
―切手不要―

郵便はがき

140-8790

019

(受取人)
東京都品川区南大井 6 - 16 - 16
鈴中ビル大森アネックス

日外アソシエーツ(株)

営業局 行

ご購入区分:個人用　会社・団体用　受贈　その他(　　　　　　)		
(フリガナ) お名前	生年月日 年　月　日(　才)	性別 男・女
勤務先	部署名・役職	
ご住所(〒　　―　　) TEL.　FAX.　□勤務先　□自宅		
電子メールアドレス		
ご利用のパソコン	(OS)	

ご購入年月日	ご購入店名(書店・電器店)
年　月　日	市区 町村

図書館サポートフォーラムシリーズ

病院図書館の世界

――医学情報の進歩と現場のはざまで

奥出麻里 著

日外アソシエーツ

装　丁：小林 彩子（flavour）

はじめに

　長年、何十年も病院図書室に勤務しています。大学を卒業してからすぐに司書として病院に入職し、まさか定年まで働くとは思いも寄らず、まあ3年は頑張らないと、と思っていただけです。

　当時1977年、川崎製鉄健康保険組合千葉病院（以下、川鉄千葉病院）という名称の病院でした。川崎製鉄は誰でも知っている企業だけれど、病院の方は私自身、実はまったく知りませんでした。自宅は千葉県内ですがちょっと離れていたのです。病院の近隣の方だったら知っていたでしょう。

　学生時代司書課程を受講し、在学中アルバイトで、小中学校の図書館に納める本の整理もしていました。司書として働きたい気持ちは十分ありましたが、通常は公共図書館か大学図書館、国会図書館などが思い浮かびます。まさか、病院図書館に就職するとは。

　その当時、千葉県内には病院図書館はたぶん、1つしかなかったと思います。「図書館」としての機能を果たしているところ、という意味です。本が置いてある場所だけがあっても図書館ではありません。その唯一の図書館は、千葉県がんセンター図書室です。そして、「川鉄千葉病院図書室」はたぶん、県内で2番目にできました。そういう意味では、当時の川鉄千葉病院の経営者には先見の明があったと思います。21世紀を15年以上も過ぎた今、病院はビックリするほど立派なのに、未だに図書館がないところもありますので。

入職してからがタイヘンでした。いつ辞めてしまおうかと思ったこともしばしば。若かったこともあり、言いたいことも言えず、一人あれこれ考える日々でした。院内にわかってもらえる人はいない……。病院図書館について何か知っていたわけでもなく、そもそも病院について何も知らなかったのです。

あれからウン十年。病院図書館司書という仕事が大好きになり、楽しくなり、頑張れるようになったのはなぜかしら。思い返してみます。

病院図書館って何?、どんな図書館？　そんなあなたも、そして実際に司書として図書館で働いているあなたも、これから司書になりたい、そんなあなたもぜひ、おつき合いください。

目次

はじめに　3

1　病院図書館ってどんな図書館?　9

1▼1　病院図書室の一日　9

1▼2　千葉メディカルセンター図書室紹介　24

1▼3　病院のはじまり、そして病院図書館のはじまり　30

1▼4　病院図書館の特徴・種類　34

1▼5　病院図書館の仕事　37

(1)本のしごと　(2)雑誌のしごと　(3)電子資料・データベース・診療支援ツール・DVDなど　(4)経費管理　(5)除籍・廃棄　(6)サービス業務

2　振り返って、1970年代から　手作業の時代　41

2▼1　川鉄千葉病院図書室事始め　41

2▼2 図書室専任から兼任、そして再び専任に 61
2▼3 蔵書が図書室からあふれて廊下まで 64
2▼4 1階へ引っ越し ワープロ導入 67

3 パソコンがやってきた 71

3▼1 図書室利用案内の変遷 71
3▼2 川鉄病院付属看護学院での授業 看護学校との関わり 73
3▼3 外国雑誌の悩み 76
3▼4 オンライン文献検索 79
3▼5 リレーショナル・データベース「桐」を使って 83
3▼6 CD-ROMの台頭 84
3▼7 研修会の開催 87

4 インターネットの衝撃 90

4▼1 パソコンでスライド作成の日々 90
4▼2 誰でもどこでもインターネット? 95

4▼3　相互貸借ＩＬＬの変遷　98

5　電子ジャーナルの時代へ　106

5▼1　親機関の変遷　106
5▼2　文献検索から電子ジャーナルへリンク　113
5▼3　リンクリゾルバ　121
5▼4　ようやく図書館システム導入　123

6　ホスピタル・ライブラリアンシップ　125

6▼1　司書とは　125
6▼2　近畿病院図書室協議会と病院図書室研究会　130
6▼3　ＬＩＴＥＲＩＳ リテリス　仲間とホームページを開設　133
6▼4　日本医学図書館協会との関わり　136
6▼5　『図解ＰｕｂＭｅｄの使い方』　139
6▼6　そしてＭＩＳ、その他の関連団体　142
6▼7　大学院で学ぶ　149

6▼8　高感度&好感度ライブラリアン　151

7　引っ越しと図書館管理システム　*158*

7▼1　4回目の引っ越し　158
7▼2　念願の図書館管理システム　163

おわりに　166
本文注記　178
図・表・写真索引　180
索引　186

第1章 病院図書館ってどんな図書館？

1▼1 病院図書室の一日

始業時間は8時半。図書室は4階。1階の職員用入り口からセキュリティカードで「ピッ」と鳴らして入り、タイムレコーダーでも「ピッ」と鳴らします。だいたいいつも8時5分を表示しています。職員用エレベーターで4階へ。4階の管理部門に入るにもセキュリティカードで「ピッ」。左奥の更衣室でも「ピッ」。更衣室からまっすぐ5メートルほど行ったところの右手に図書室があり、そこでも「ピッ」。

なんとキビシイセキュリティでしょう！　図書室に入るまでに4回は「ピッ」と鳴らさなければなりません。旧病院では、まったくこういったシステムはなくフリーでした…。時節柄、というか親会社がセコム系でもあり、しかたないでしょうね。

以前、帰宅する前に着替えて図書室に戻った時、外が雨かもしれないと思い、廊下に出て廊下の先にある窓の外を見に行きましたが、IDカードを図書室内に置き忘れていたので、図書室に入れなくなってしまったことがありました！

さて、始業の8時半にはまだ時間がありますが、たいていすでに利用者が数人います。

「おはようございます。」

と、こちらから声をかけて図書室に入ります。時には、看護学生が大勢、資料のコピーなど実習の準備をしていることもあります。仕事前の朝の時間をゆったりと、『ちば市政だより』などを読みながら過ごしているスタッフもいますし、何やら朝勉強をしているスタッフも。

ときには、私を待ち構えていて、

「あの、この文献ほしいんですけど。」

と、文献リストを持ってくる医師や看護師もいます。2枚複写の「文献相互利用申込書」に所属と名前だけ書いてもらい、あとはその文献リストをもらいます。ざーっと「書誌事項」に目を通します。あまりに古い文献、例えば1950年代以前とか、あまりに新しくてまだ印刷されていない文献、例えば [Epub ahead of print] と書かれている文献、そして、永遠にプリントされない文献、つまりインターネット上のみで読める文献、例えば E-Page などは要注意。入手がむずかしいかもしれないことを話します。インターネットはすべて無料ではありません。

国内にその雑誌を所蔵している図書館がない場合、海外発注になるので、高額です。出版社のページを検索してみるとわかりますが、文献一件は数ページですが、30ドルだったり、30ユーロだったり。

「書誌事項」とは、本でしたら、書名・副書名、著者名・編者名・訳者名・監修者、出版地、出版社、出版年、ページ、大きさ、ＩＳＢＮなどなど。ＩＳＢＮは、International Standard Book Number の略で、世界共通で本を特定するための番号です。雑誌の論文の「書誌事項」は、著者名、論題、雑誌名、巻（号）ページ、出版年など、その論文を特定する情報のことです。

朝、欲しい数件の文献を図書室に依頼できてホッとした顔で、診療に向かう医師。それを「いってらっしゃい」と見送り、さっそく文献複写依頼の仕事に入ります。

その前に、夜中の間に乱れた利用者用のパソコンを1台ずつチェックしたり、ゴミや空のペットボトルや飲みかけのコーヒー缶などを片づけます。

ここの図書室は、セキュリティが厳しいことで、24時間３６５日利用可能になっているのです。貸出もセルフ貸出ができます。利用統計を見ると、夜中の2時頃に本を借りている利用者もいます。そして、飲食ＯＫ。「汚さないでね」とは言っています。ともかく、居心地のいい図書室にしたいと思います。

さて、その文献依頼です。こういう仕事を図書館では「相互貸借」サービスといいます。

Inter Library Loan、略してＩＬＬ（アイエルエル）ともいいます。ＩＬＬとは、図書館同士の本の貸し借りです。病院図書室などの医学系の図書館では、本ではなく、文献のコピーを送り合うことが多いのです。

さっそくパソコンでＮＡＣＳＩＳ-ＩＬＬ（ナクシス・アイエルエル）の画面を出します。これは、NII: National Institute of Informatics（国立情報学研究所）が行っている事業の一つです(1)。これは、インターネットを使って、全国の図書館どうしのＩＬＬが可能になっています。もちろん、各々の図書館は自分の図書館で所蔵している雑誌や本の登録をしておかなければなりません。

今日の文献はまず、

後藤健一：エビデンスに基づく腰部・骨盤痛に対する理学療法評価と治療．徒手的理学療法　2015；51(1)：37-46

というものでした。これは、すぐに「医中誌Ｗｅｂ」(2)というデータベースを検索します。検索法をここで詳しくは説明しませんが、図１‐１のようなインターネット上の画面が出てきました。

「医中誌Ｗｅｂ」は、医学中央雑誌刊行会が製作している、医歯薬看護学系データベースです。元は、『医学中央雑誌』という雑誌の形態でしたが、それがＣＤ-ＲＯＭになりその後、インター

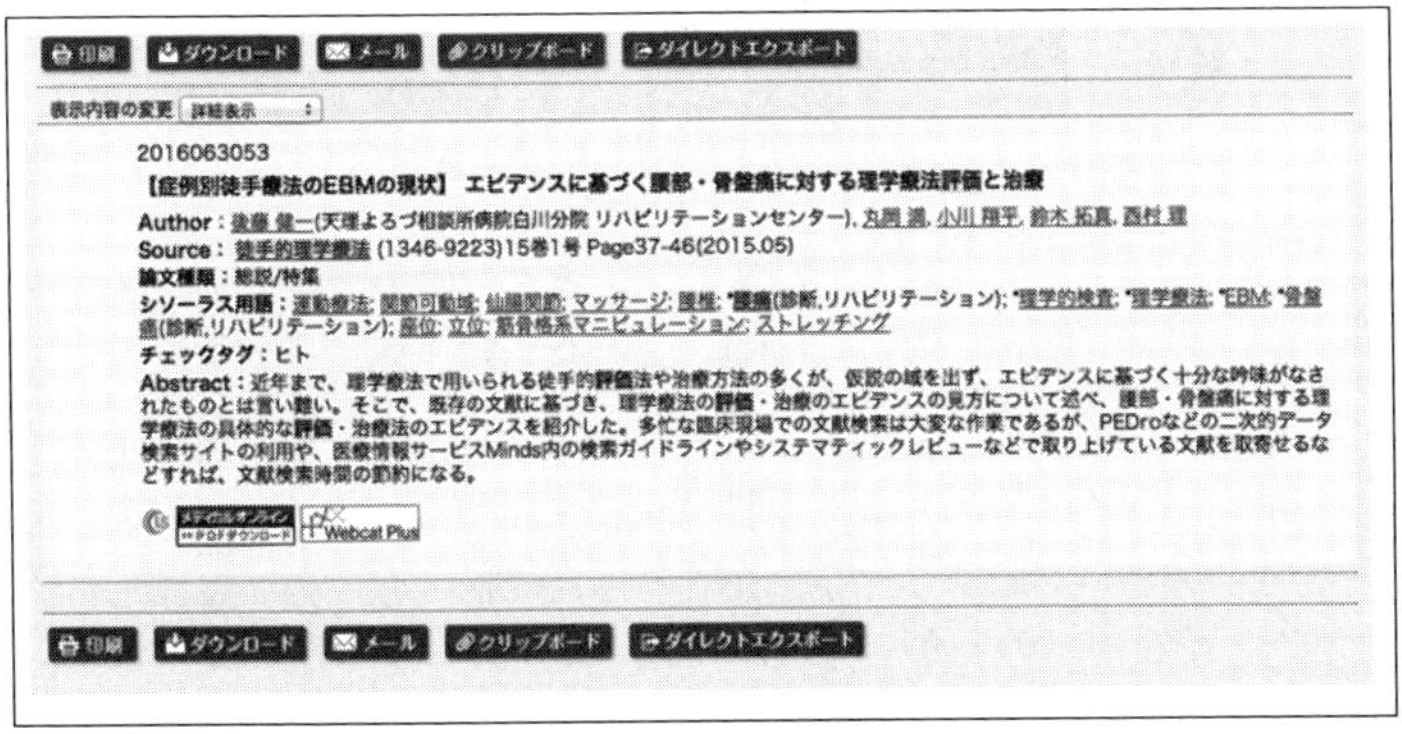

図 1-1　「医中誌 Web」の画面から

ネット上で検索できるデータベースになったものです。国内では最もよく利用されている医学系データベースの一つです。

最初の「2016063053」という数字は、文献番号（ＩＤ）で、個々の文献に１つずつ番号が振られます。この番号で文献を特定できます。次の「【症例別徒手療法のＥＢＭの現状】エビデンスに基づく腰部・骨盤痛に対する理学療法評価と治療」がタイトル、つまり論題です。【】内は、その雑誌の特集号のタイトルです。

その後に、「Author」、つまり著者名と所属、「Source」は文献の雑誌名（ＩＳＳＮナンバー）巻、号、ページ（出版年、月）となっています。

ＩＳＳＮとは、International Standard Serial Number の略で、国際標準逐次刊行物番号です。要するに個々の雑誌の固有の国際番号です。

「論文種類」は「総説／特集」となっています。

図1-2　他のデータベースへリンクを示すアイコン

「シソーラス用語」として、運動療法、関節可動域…といくつものキーワードが並んでいます。これは、医中誌側で統一したキーワード集を作っており、同義語などもまとめて検索できるようになっています。例えば、アルコール中毒、アルコール症、アルコール乱用など文章中での表現が違っていた場合、すべて「アルコール依存症」というシソーラス用語がふられ、これによって同義語のどんな言葉が使われていても「アルコール依存症」で検索すると、それに関する文献をもれなく検索できるようになっているのです。

「チェックタグ」とは、論文における「対象」を表すキーワードです。動物の種類、年齢、性別などがあります。この場合は「ヒト」ですね。

「Abstract」とは抄録です。文献の内容を短く簡潔に要約しています。そして、最後にアイコンがいくつかついています（図1-2）。

「LS」というのは、Link Sourceのことで、「リンクリゾルバ」というソフトを使って、電子ジャーナルの本文へリンクするための案内です。今回は、「メディカルオンライン」のアイコンがありますので、アクセスできることがすぐにわかりました。

「メディカルオンライン」[3]は、メテオ社が製作している電子ジャーナルのパッケージで、これを契約していると文献の本文にアクセスできるということです。いわゆるＰＤＦファイルを見ることができ、プリントやダウンロードが可能です。実際の『徒手的理学療法』という雑誌を見るのとまったく同じものを入手できるのです。

というわけで、１件目は難なくクリア。もう1件は、

Pain Pract 2010; 10(5):451-8 Bokarius AV: Evidence-based review of manual therapy efficacy in treatment of chronic musculoskeletal pain.

というもので、こちらは、「ＰｕｂＭｅｄ」[4]（パブメド）というアメリカ産のデータベースで、ウラをとります。日本語でも英語でも依頼された文献の書誌事項のウラをとることが大事です。日本の文献なら、医中誌ＷｅｂやＪＤｒｅａｍⅢ（ジェイドリームスリー）、ＣｉＮｉｉ（サイニイ）など、英語ならＰｕｂＭｅｄや出版社のホームページなどで検索し、書誌事項が正しいかどうか確認するのです（図１‐３）。

「ＬＳ」のアイコンをクリックしても、全文にはたどりつけなかったので、オレンジ色のアイコンをクリックしてみました。出版社のページに飛びました。Ｇｅｔ ＰＤＦをクリックすると、電子ジャーナルを契約していない場合は、有料とのことで購入するとしたら、Ｒｅｎｔ６ドル（48時間Ｒｅａｄ読むだけ）、Cloud 15ドル（Read）、ＰＤＦ 38ドル（Read, Print, Save）でした！

この文献はＩＬＬで申し込むしかないかな？ と思う前に、Google や Google Scholar

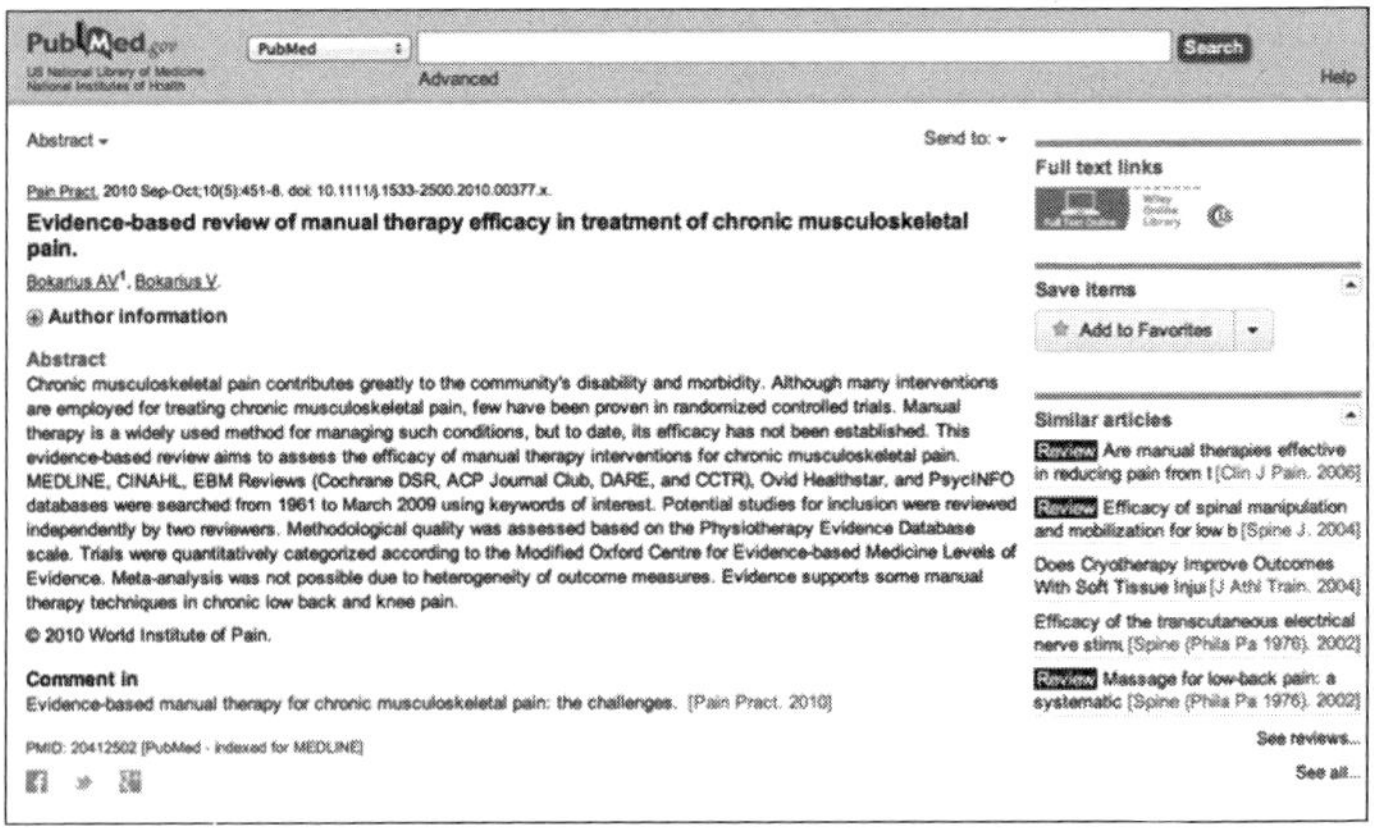

図 1-3 「PubMed」でウラをとる

で論題を検索してみます。するとなんと、Researchgate.net [PDF] とリンクがあります。あらあら、全文が出てきました（図1‐4）。

　このように、本来は有料の文献が、ネット上で公開されていることもあります。

　PubMedは、NLM：National Library of Medicine という米国国立医学図書館が作成し、無料で利用できる医学系の文献データベースです。世界中で使われています。PubMedのホームページを開くのですが、千葉メディカルセンター図書室の独自のページを設定できるようになっており、そのページからは、独自のリンクを貼ることができるのです。つまり、電子ジャーナルなど文献の全文が見られるかどうかがわかるようになっているのです。リンクがあるというのは、とても大事です。

　ちなみに千葉メディカルセンター図書室のPub

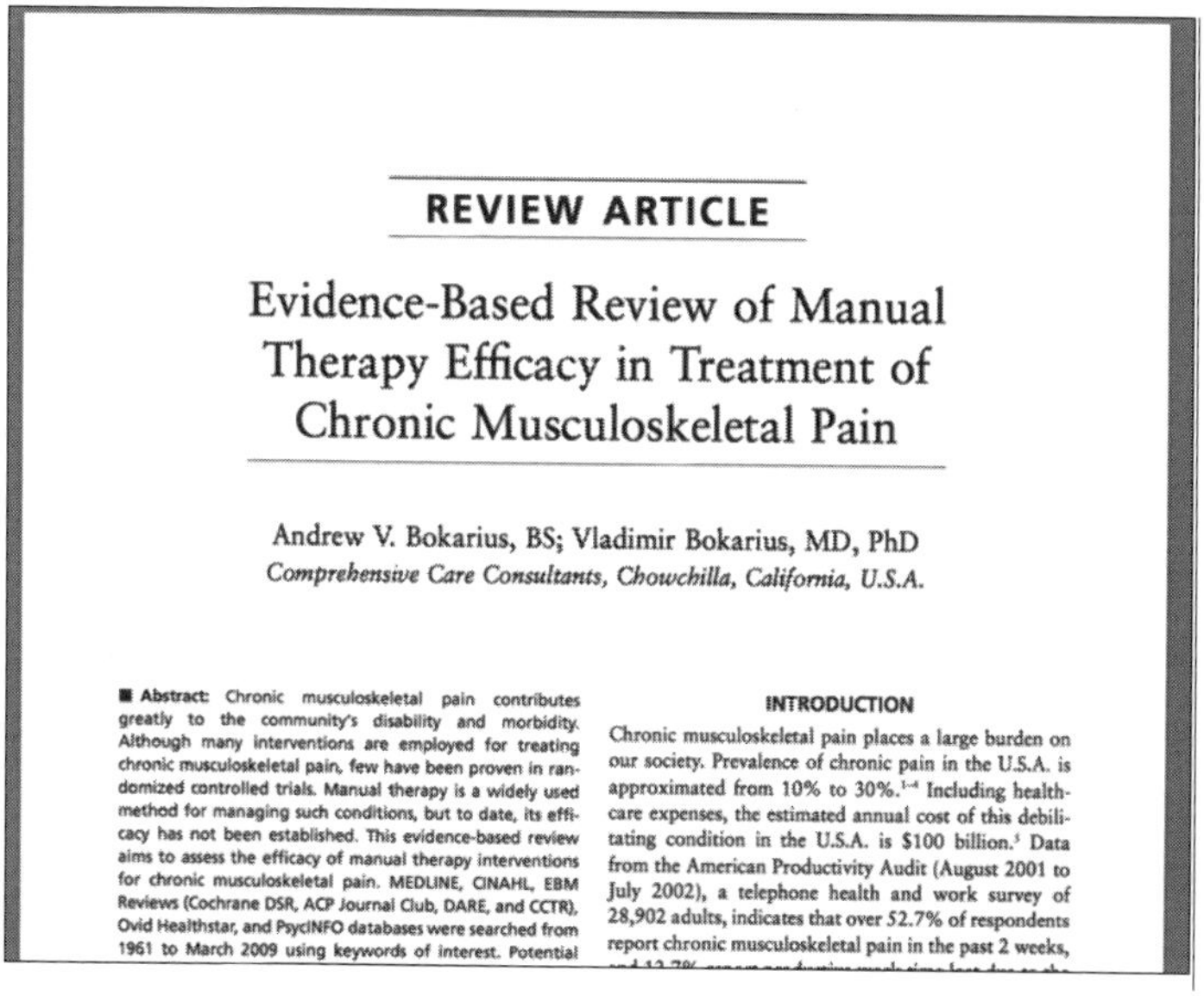

REVIEW ARTICLE

Evidence-Based Review of Manual Therapy Efficacy in Treatment of Chronic Musculoskeletal Pain

Andrew V. Bokarius, BS; Vladimir Bokarius, MD, PhD
Comprehensive Care Consultants, Chowchilla, California, U.S.A.

■ **Abstract:** Chronic musculoskeletal pain contributes greatly to the community's disability and morbidity. Although many interventions are employed for treating chronic musculoskeletal pain, few have been proven in randomized controlled trials. Manual therapy is a widely used method for managing such conditions, but to date, its efficacy has not been established. This evidence-based review aims to assess the efficacy of manual therapy interventions for chronic musculoskeletal pain. MEDLINE, CINAHL, EBM Reviews (Cochrane DSR, ACP Journal Club, DARE, and CCTR), Ovid Healthstar, and PsycINFO databases were searched from 1961 to March 2009 using keywords of interest. Potential

INTRODUCTION

Chronic musculoskeletal pain places a large burden on our society. Prevalence of chronic pain in the U.S.A. is approximated from 10% to 30%.[1-4] Including health-care expenses, the estimated annual cost of this debilitating condition in the U.S.A. is $100 billion.[5] Data from the American Productivity Audit (August 2001 to July 2002), a telephone health and work survey of 28,902 adults, indicates that over 52.7% of respondents report chronic musculoskeletal pain in the past 2 weeks,

図 1-4　ネット上で論文の PDF をダウンロード

MedのＵＲＬは、
http://www.ncbi.nlm.nih.gov/pubmed?holding=ijpkawachlib&otool=ijpkawachlib
となります。図書室のホームページからここにリンクを張っておきます。

いずれにしても、今はインターネットで文献を検索できるので、本当に便利になりました。そしてオープンアクセスなど、無料で入手できる文献も増えています。ネット上でＰＤＦファイルがダウンロードできれば、ラッキーです。申込者にそのファイルを直接渡すこともできますし、プリントしてすぐに渡すこともできます。今回、この２件の文献は両方ともネット上にありダウンロードできたので、ＩＬＬは必要ありませんでしたね。

申し込まれた文献には、たまに英語・日本語以外のものが含まれていることがあります。その場合には本当に必要かどうか確かめます。French、German、Italian、Spanish、さらにはRussian や Thai なども あります。たとえ読めない言語で書かれていても、図表・写真などは参考になる場合もあります。今までフランス語やドイツ語だけでなく、ロシア語、タイ語の文献をＩＬＬで取り寄せたことがありました！　あのキリル文字やタイ文字はまったく想像がつきませんけど。

さて、図書館で所蔵がなく、どうしてもネットで全文を見ることができなかった文献の場合は、ＩＬＬを利用します。ＮＡＣＳＩＳ－ＩＬＬを使います。これは、図書館に図書館管理システムを導入していれば、そのシステムとの連携もできますし、システムがなくても、ＷｅｂＵＩＰというページで利用も可能です。

まず、雑誌名の検索をします。そして、その雑誌の何巻何号がほしいのかを検索します。すると、その号を所蔵している図書館のリストが出てきます。その中から、ＮＡＣＳＩＳ－ＩＬＬ「相殺に参加」している図書館に絞り、依頼したい図書館を選んでいきます。３館くらい選んでおきますと、たまたまその号が貸出中だとか、行方不明だとか、製本中などで「謝絶」されても、自動的に次の図書館に依頼できるのです。

NACSIS-ILL「相殺に参加」するということは、文献複写等の料金を相殺できるということです。料金はたいてい1枚50円前後、プラス郵送料等です。すると数枚の文献でしたら、そんなに高くはありません。それを1件ずつ銀行振込や郵便振替や、はたまた現金書留で送っていては、たいへんです。例えば2ページの論文で2枚だったとして複写料が100円送料が82円で合計182円、それを銀行振込だったら手数料が648円もかかることがあります。郵便振替を窓口で行ったら130円です。複写料より払込料の方が高くなってしまうこともありますし、それこそ手間がかかります。

図書館のスタッフの方には当たり前のことですが、利用者の方は、こういうシステムに関して、あまり詳しくはないことでしょう。私が手品のようにあらゆる文献を入手するので、とても喜んでくれます。

当院では、ILLで入手した文献は有料です。相手館に支払うコピー代、郵送代などは実費でいただきます。ただし、NACSIS-ILLの相殺サービスに参加しているので、このサービスに参加している図書館だったら、払込料がとても安くなります。1回1回支払わなくてもよいからです。年に4回、NIIより「相殺結果通知書」が届きます。相殺制度なので、文献複写の受付の合計金額が多い時には、振り込まれます。払込料は不要ということですね。1年間の運営費（6000円プラス税）があるので、その支払いがある時だけ、いくらか支払わなくてはならないことがある程度です。

文献依頼をしている最中にも、図書室にコピーをとりに来たり、パソコンで文書作成や、学会発表の準備でスライドを作成したりと、利用者が出入りしています。カラープリントをしたいけど、どうしたらいい？　自動ホチキス留めができるって？　病棟で作った文書をここでプリントアウトしたいけれど、どうすればいい？　そんな雑用の合間に、

「『胆石症診療ガイドライン』の新版はありますか。」、「『ブレインナーシング』という雑誌はありますか。」

といった本来の仕事の問合せも入ってきます。ここでは雑用も何も仕事のうち、笑顔で応対します。ワードやエクセル、パワーポイントなどの使い方にはいつでも対応します。学会発表のプレゼン、ちょっとそのスライド字が多すぎない？　色や図のバランスのアドバイスなどもすることもあります。

合間に郵便物や荷物が届いたとの電話。1階に受け取りに行きます。1階には「患者図書コーナー」があり、そこにたくさんのパンフレットを並べています。書架は2連しかなく、半分はパンフレットで「ご自由にどうぞ」。半分は病院の図書を置いています。4階の図書室の蔵書から選書して200冊弱。専門書も一般書も入れています。薬の本や医学辞典もあります。パンフレットは、だいたい製薬会社から無料でいただいているものばかり。約240種類ものパ

ンフレットがどんどんなくなり、どんどん補充しています。

午前中に、市内の書店さんがみえました。１週間分の雑誌と本を持ってきます。納品書と現物をその場でチェック。病院分の注文はそのつど発注。「見計らい図書」といって、購入するかどうか決めるために、閲覧できるように書店さんが持ってきてくれるものもあります。

外国雑誌については、郵送で１週間に１回、段ボール箱で届きます。

雑誌の受け入れは毎日の作業です。図書館管理システム「情報館」にデータを入力し、バーコードラベルを貼り、受入印を押印して、雑誌架に配架します。当院では、配架はアルファベット順にしています。「和洋混配」で、日本語の雑誌も英語の雑誌も一緒です。日本語はローマ字になおしてアルファベット順にします。"*Brain*"という英語の雑誌の次に、『ブレインナーシング』という日本語の雑誌が並びます。

雑誌は欠号未着に気をつけます。日本の雑誌はだいたい大丈夫でしょうけれど、外国雑誌はなぜか欠号未着が多いのです。途中の号が抜けたり、なかなか次の号が届かなかったりということです。

お昼は、だいたい12時に職員食堂へ。１時間の休憩、といっても食事が終わると図書室に戻るので、利用者が話しかけてくれれば、対応します。お昼時は事務部のスタッフも利用することも多く、思い思いに本を読んだり、居眠りをしています。病院のスタッフはとても疲れていいます。患者さんの対応は気疲れも多いでしょう。

午後は、今日届いた図書を登録しましょう。一冊一冊乱丁落丁がないかどうか確かめた後、まずは蔵書印を本の標題紙（Title page）に、本の「地」の部分に小口印を押印します。そして「情報館」にさまざまなデータを入力しますが、すでにNACSISに登録済のデータは、ダウンロードできます。つまり、自分で全部の書誌データを入力する必要はないのです。自動的に入力されたデータをチェックし、自館の固有のデータ等を入力して、バーコードラベルを貼り、分類番号等をラベルに書いてそれを本の背に貼ります。ラベルの色やデザイン、貼る位置は図書館で決めています。分類に関しては、公共図書館などで使っている「日本十進分類法」ではなく、医学系の分類、NLMC（National Library of Medicine Classification[5]米国国立医学図書館分類法）を使っています。

そんな登録作業の合間にも電話での問合せ、薬局から、『注射薬調剤監査マニュアル』の改訂版は最近出ているかとの問合せ。ネットで検索してみましたが、今はまだ出版されていないようです。もうじき出版されそうなら、書店に問合せます。また、看護師が個人で購入したい本について相談に来ました。個人の本の購入の注文も受けています。書店さんが毎週来室しているので、そのときに持ってきてもらいます。

午後は文献到着の処理もあります。ＩＬＬで申し込んだ文献が到着したら中身を確認、料金を確認し、NACSIS‐ILLのシステム上で受取の処理を行います。必要事項を「申込書」に記入して申込者に連絡、引き渡します。医師には、医局の本人のデスク上に置いてきます。NACSIS‐ILLでは、もちろん他の病院図書室や大学図書館などから申込も随時届きます。FAXでの依頼も受け付けていますので、時には重なって10件以上になることも。コピーして料金等を記入し、郵送で送ります。貸出中、製本中などで「謝絶」するときは早めに連絡します。

利用者が入って来れば、何か話しかけようとしているか、ちょっと気にします。笑顔で挨拶すると、声がかけやすくなるでしょう。どんなに忙しくても、あまり忙しい様子をしてはいけないのです。ヒマそうにしているくらいがちょうどいいと思っています。以前看護師に、「お忙しいところスミマセンが、」と言われてしまいました。反省しました。

病院では看護師を常に募集していますので、よく見学者がみえます。看護師には限りません。病院のスタッフが突然、見学者を引き連れて図書室にやってきます。にこやかに応対します。図書室の説明を必要に応じて行います。24時間利用可能、24時間セルフ貸出可能、パソコンで文献検索や電子ジャーナルの利用ができる、文献の取り寄せができる、蔵書検索ができる、などなど。

夕方になりました。植木に水をやったり、ゴミを片づけたりなども合間にやります。帰り際、

5時半過ぎに話しかけられることは比較的多いのです。できるかぎり笑顔で対応します。夕方はいつも利用者が大勢いますので、「お先に失礼します」と言って帰ります。

こんな病院図書室での私の一日です。

1▼2　千葉メディカルセンター図書室紹介

川崎製鉄健康保険組合千葉病院は１９６６年、開院しました。２００３年、川崎製鉄は日本鋼管と経営統合し、ＪＦＥグループとなりました。そのため、病院の名称は、ＪＦＥ健康保険組合川鉄千葉病院となりました。そのときは「川鉄」の名前を残しました。その後病院は古くなって、建て直しが必要ということもあり、２０１１年、今の「医療法人社団誠馨会千葉メディカルセンター」に事業継承されました。そして２０１４年12月、新築の病院に移転、今の病院になりました。

図書室もそのたびに名称を変更しました。けれどその間長年、私が司書として勤務してきました。２０１６年現在の図書室をご紹介します（写真１‐１）。

表１‐１が図書室概要です。これは、関係者などが図書室に見学にみえた時に、利用案内とともに配布する資料です。

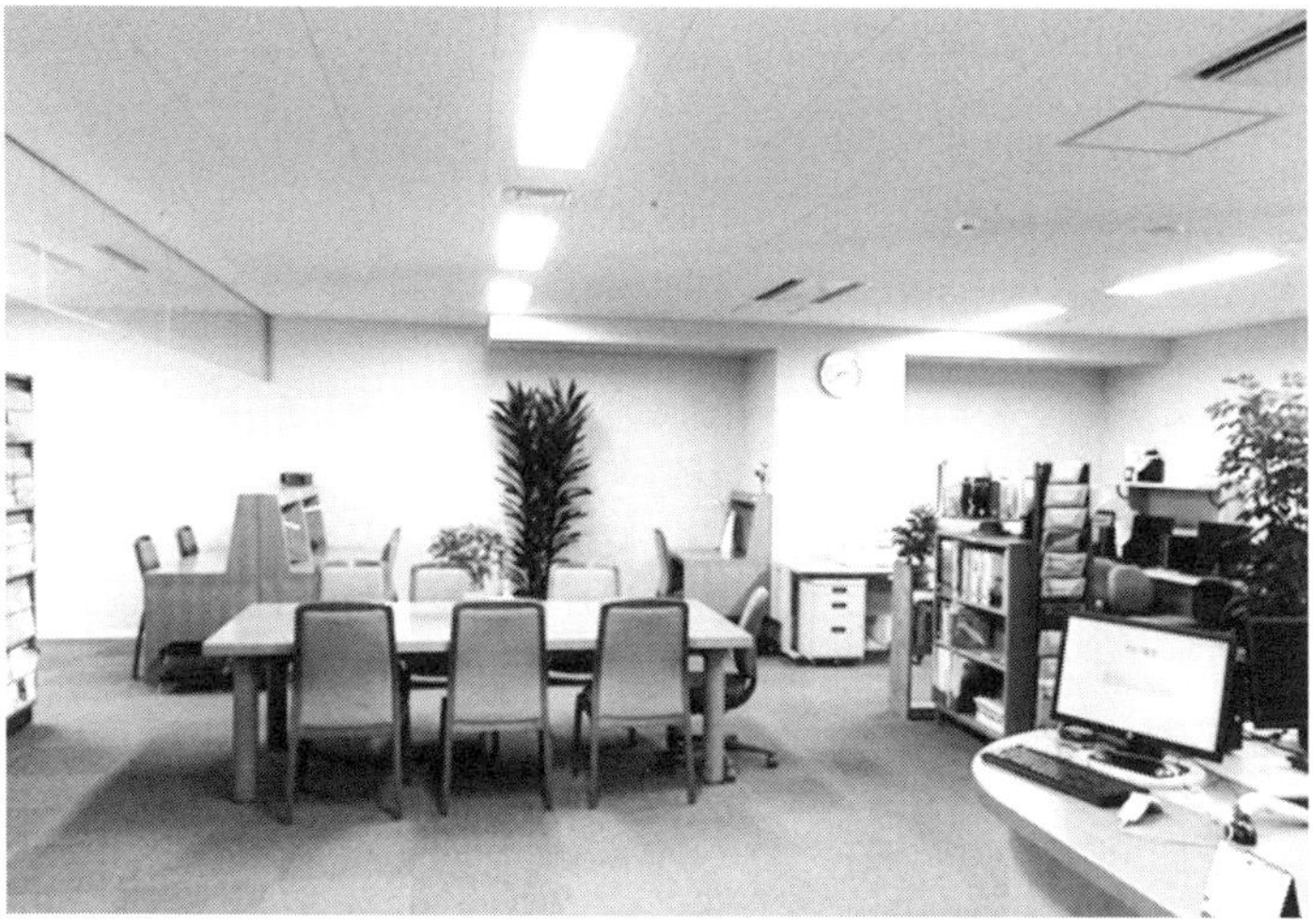

写真 1-1　千葉メディカルセンター図書室

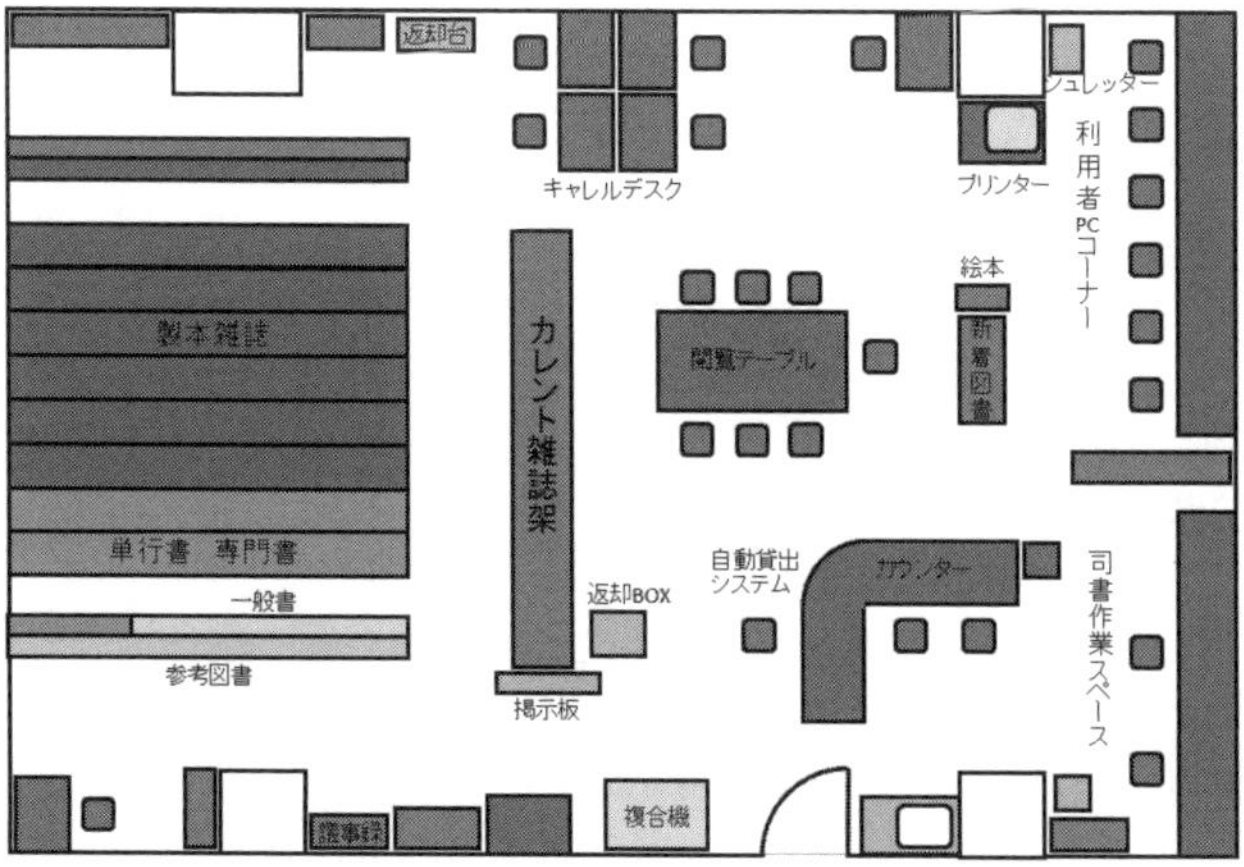

図 1-5　千葉メディカルセンター図書室レイアウト

平成 26 年度経費：

単行書購入費		1,386,000 円
雑誌購入費	国内雑誌	2,180,000 円
	外国雑誌	6,720,000 円
文献 DB、電子資料等		3,738,000 円
計		14,024,000 円

契約データベース・電子ジャーナルほか：医中誌 Web、JDreamIII、メディカルオンライン、医学書院 MedicalFinder、MEDLINE with Full Text、DynaMed、The Cochrane Library、SpringerLink、リンクリゾルバ A-to-Z with Linksource ほか

サービス：貸出、閲覧、複写、相互貸借、文献検索、蔵書検索 OPAC、千葉中央看護専門学校図書室との横断検索、レファレンスサービス、オリエンテーション、利用案内作成、ホームページの作成、千葉中央看護専門学校「看護情報管理学　文献検索法」講義と実習、千葉中央看護専門学校図書室業務、医療法人社団誠馨会グループ病院への文献複写サービスほか

平成 26 年度利用実績：

貸出数

単行書	1,148 冊
雑　誌	538 冊
計	1,686 冊

相互貸借件数：

依頼　116 件

受付　467 件

国立情報学研究所 NACSIS/ILL 文献複写料金相殺サービス参加館

利用者数（司書在室時）：　11,814 人　　平均 53 人／日

開室日時：24 時間 365 日利用可

表 1-1　千葉メディカルセンター図書室概要

2015 年 8 月

正式名称　医療法人社団誠馨会　千葉メディカルセンター図書室
略　　称　千葉メディカルセンター図書室
英文名称　Seikei-Kai Chiba Medical Center Library
ホームページ　http://librarycmc.web.fc2.com/

面積：4 階スタッフ用図書室 147㎡、1 階患者図書コーナー & イートインスペース 47㎡
座席数：スタッフ用図書室 12 席、患者図書コーナー & イートインスペース 30 席
設備：インターネット接続パソコン 10 台（利用者用 6 台、業務用 4 台）、複合機、プリンター、シュレッダー各 1 台
職員：非常勤 2 名（司書・ヘルスサイエンス情報専門員上級・サーチャー 2 級・社会情報学修士、司書・ヘルスサイエンス情報専門員基礎）
図書館管理システム：「情報館 v.8」
蔵書総数：

単行書	4,948 冊
製本雑誌	6,327 冊
計	11,275 冊

現行受入雑誌数（うち寄贈数）：

国内雑誌	131（55）誌
外国雑誌	27（1）誌
計	158（56）誌

平成 26 年度受入単行書数（うち寄贈数）：

国　内	210（68）冊
外　国	9（0）冊
計	219（68）冊

小さな図書室ですが、そこそこの予算、利用も多い方だと思っています。川鉄千葉病院時代に多い年で、年間1700万円ほどの予算がついたこともありました。今は、だいぶ節約しています。

実は、図書室は今まで4回引っ越ししていて、最初はたった40㎡くらいのちっちゃな部屋でした。2回目の引っ越しで、82㎡になり、その後、増築工事の間だけ医局の片隅に2～3年間借りし、次は162㎡の広さになりました。今は、新病院4階に引っ越して、少し狭くなってしまい147㎡、1階の患者さん向けのスペースも入れれば、194㎡になります。

職員は現在2名、非常勤です。私自身は定年過ぎまで常勤専任で働いていました。その後非常勤になり、病院図書室の他に、2015年4月から千葉中央看護専門学校図書室も兼務しています。

蔵書数は引っ越しの折りに、大幅に減らしました。除籍・廃棄した図書や製本雑誌は約12000冊にのぼります。現在、11000冊くらいですから半分以下、相当スリムにしたことがおわかりかと思います。なぜかといえば、もちろん、場所が狭くなってしまったこともありますが、電子資料が増えているのです。いわゆる電子ジャーナルです。電子ブックも出まわっていますが、当院では電子ブックまでは手がまわらず、電子ジャーナルやデータベースをいくつか契約するのが精一杯の状態です。

電子ジャーナルの購読により、製本雑誌、いわゆる雑誌のバックナンバーはあまり要らなくなります。ただ、電子ジャーナルの契約を継続できるかどうかは、なんとも言えません。特に外国雑誌は高額です。プリント版でも1誌で何十万円もすることもあり、電子版ではもっと高額になることが多く、毎年値上がりします。このご時世にどうして？と思いますが、ほんとうなんです。

横道にそれましたが、電子資料が増えつつあることで書架スペースを減らし、利用者スペースは今まで通りとしました。図１‐５は、図書室のレイアウトです。

病院図書館ってどんなところかって、少しは説明になっていたでしょうか。私の職場は、最初はスタッフ向け、特に医師向けの図書室でした。ですから、医学・看護学・薬学などの専門図書や雑誌が大半でした。今では、患者図書コーナーも設置しましたので、一般書、小説や随筆、歴史や自然科学の本などもあり、医学関連の本でもわかりやすいものも増えました。

このように、医療人向けと患者さんやその家族の方々や一般の方々向けの図書館が両方ある病院もありますし、全部一緒にして誰でも利用できるようにしているところもあります。これに関しては後述します。

1▼3　病院のはじまり、そして病院図書館のはじまり

世界で最古の病院は、紀元前5世紀のアテネにあったとされていますが、古代メソポタミアのシュメール人が紀元前4000年にすでに病院をもっていたともいわれています（6）。病院といっても治療が行われたものではなく、手厚くめんどうをみるといったもので、旅行者が泊まる家のようなものだったといいます（7）。ローマ時代にはコンスタンティヌス1世が313年キリスト教を公認したことにより、積極的に多彩な博愛事業が行われ、その中には貧困病者を収容し救護を行ったものもありますが、財政的基盤がなく設立と廃絶の繰り返しで、実体はよくわかりません。中世初期から、これらが hospital あるいは hospis と呼ばれるようになりました。hospita という語幹は友人あるいは客という意味であり、hospital は、客用または外来者用の宿泊施設を意味していました。

病院の始まりについて詳しくは述べませんが、このようにヨーロッパの病院は、宗教、教会の主導型で起こり、教会は学問の中心でもありました。そこには聖書を中心とした文化があり書物があり、読み書きできる人々の集まった唯一の場所がありました。このころ修道院には医療関係の図書を備えた病院があったのではないか、といわれています（8）。

病院の起源としてもう一つ、ペスト、梅毒などの伝染病、そして癩（ハンセン病）などに対

し市民を守るため、町の外に患者を隔離するために作られた施設がありました。17世紀から、病院の設立主体は国家または都市が中心になります。

一方アメリカでは１８００年当時、わずか2つの病院、New York Hospital とフィラデルフィアの Pennsylvania Hospital しか存在しませんでした。というのも、米国人にとって医療サービスとは家庭で受けるものだったのです(9)。そして、一番古い病院図書館が、１７６３年に設立された Pennsylvania Hospital Library です(10)(11)。１７９０年にははじめて図書館の蔵書目録を作成し、５２８冊の図書をリストしていました。American Medical Association 米国医学会の調査では、１８４７年ごろ、この Pennsylvania Hospital Library が約９０００冊の図書を所蔵しており、アメリカ最大の医学図書館だったといいます。その後、次々と病院図書館ができ、Medical Library Association 米国医学図書館協会が１８９８年に設立され、24の病院図書館が参加していました(9)。また、１９０５年当時、日本にも病院図書館が一つあるとの記述がありますが(12)、たぶん、日本赤十字社医療センター図書室のことと思われます。

日本の場合、救貧事業が行われるようになったのは、仏教伝来以後であって、最初の病院といわれているのは５９３年、聖徳太子により難波の四天王寺に付設してつくられた４つの施設です。療病院と呼ばれたものは貧困の病者を収容し、悲田院は貧しい孤児や老人、寡婦の収容施設、施薬院は薬草を栽培して病者に与え、敬田院は教化の道場だったそうです(13)。

西洋式の病院としては1556年、キリスト教布教のため来日したポルトガルのルイス・アルメイダ（Luis de Almeida）が、現在の大分市に府内病院を建設したのが最初だといいます。しかし、その後キリスト教弾圧などによって廃院し、鎖国政策も加わって、漢方医学が盛んになりました。1722年、小石川療養所が漢方医学を応用した病院として設立され、入院設備を持っていたといわれています。

開国後の1861年、江戸幕府が西洋医学伝習のため、オランダの軍医ポンペイ（Johannes Lydius Cathrinus Pompe van Meerdervoort）を招いて長崎に養成所を設立しましたが、これが後の長崎大学医学部となります[14]。

日本では、日本赤十字社の設立が1887（明治20）年であり、各地赤十字病院は古くからあって図書館の歴史も古いのではないかと思われます。1891（明治24）年にすでに図書室があったとの記録があり[15]、これが日本のもっとも古い病院図書館と思われます。初代院長の愛読書の寄贈により「橋本文庫」と名づけられ、蔵書1601冊を数えていました。職員は医師2名と書記1名が担当していたといいます。

また、岡山県の倉敷中央病院に記録が残っています。倉敷中央病院は1923（大正12）年に開院し、その創立当初より図書館があったことが確認されています。病院開院以前に医師たちが自ら欧米諸国へ出向き、医学書や文献を多数購入し、医学書約5万冊を所蔵していたといいます(16)。１９３３（昭和８）年には、内外の雑誌２７１誌を所蔵していました(17)。

その2年後１９２５（大正14）年に、聖路加国際病院に医学図書室らしきものができ、１９３０（昭和５）年には、兼任ですが着物姿の職員が図書の整理を行っていました（写真１-２）。そして１９５５（昭和30）年からは、図書係として専任司書が配属されていたことは注目に値するでしょう(18)。１９５７（昭和32）年の年間図書費は、65万３５３５円だったといいます。

これら2つの病院図書館は今でも立派な図書館として機能しています。聖路加国際病院医学図書室は現在、聖路加国際大学学術情報センター図書館となっています。

写真 1-2　1932（昭和７）年頃の聖路加国際病院医学図書室
出典：『聖路加国際病院八十年史』1982、p.342

1▼4　病院図書館の特徴・種類

病院図書館の特徴をあげてみます。まず、対象の利用者についてです。つまり、病院のスタッフを対象とした図書館と、患者さんや患者さんの家族、そして広く一般の方々を対象とした図書館と大きく2つに分けられるでしょう。

そしてもう一つの視点。それは図書館の扱う内容です。医学を中心とした専門書を含む医学図書館、一方、気分転換や娯楽も含めた公共図書館のような一般書を扱う図書館です。

私が図書館関連以外の友人に自分の仕事の話をし、病院の図書館に勤めているというと、「患者さんのための雑誌や小説や絵本などが置いてある、娯楽の図書館」と思われることが多いのです。

それが医療関係者ですと、病院図書館といえば医学図書館であり、医学の専門書や医学関連資料の文献検索ができるところ、というイメージが大多数です。

どちらもあり、どちらも必要でしょう。どちらも目指していますし、患者さんにも医学資料をきちんと提供できる図書館が必要でしょう。また、病院の職員に、公共図書館のような一般の本も提供しています。

病院内に医学図書館と患者図書館、2つの図書館を持っているところ、また、1つの図書館を、病院の職員（医師・看護師などのコ・メディカルスタッフ・事務スタッフなど）も、患者さんも家族も誰でも利用できるようにしている病院もあります。いずれにしても、患者さんのための医療情報の提供が一般的となり、「病院機能評価」⒆では必須となっていますので、患者さん対象の図書館が増えてきました。

患者さんのための病院図書館の司書としての先駆者として一人挙げるとしたら、京都南病院図書室に長年在籍していらした、山室眞知子氏ではないでしょうか。約40年以上前から患者さんのための図書室に関わり、患者さんへの健康・医療情報の提供についても早くから提言していました⒇。

みんなのための図書館がどこの病院にもあったらいいですね。

患者図書室について少し振り返ります。

当初、当院ではほとんど医師だけのための図書室だったものが、看護師その他のコ・メディカル、そして事務職員なども含めて職員全体の図書室となり、その後患者さんがちらほらと利用するようになりました。病院機能評価の後押しもあり、公に患者さんが出入りできるようになりました。

その頃は患者さんがいらしたら、まず業務を中断しあいさつし、患者さんと向き合い話を聞いたものです。何かしら不安を抱えているのです。何が知りたいと具体的に尋ねる方もいますが、ただ話を聞いて欲しいという場合もあります。世間話でもいいのです。時には病院内のクレームということもあります。そういった時はよく聞いて何度も謝ります。

病気について検査について、あるいは治療について知りたい、という場合には本や文献を探し、いくつも出してあげます。主治医の言ったことのウラが取れてホッとして帰る方もいます。本来、患者さんには個々にゆっくりと接することが大事だと思っています。新病院になってからは、1階に「患者図書コーナー」が独立しましたが、スタッフが不在というのは難点です。患者さんと接する機会が大幅に減って、とても残念でした。以前に図書室によくみえていた患者さんと1階で偶然お会いすると、ニコニコと話しかけてくれてこちらが励まされます。

患者さんに直接医学情報を提供することに対する抵抗は、最近ほとんどなくなりました。医師たちも忙しいので、司書が患者さんに正しい情報を提供することを歓迎しています。インターネットも含めて情報が溢れて胡散臭い話も多いですし。私たち図書館員はこういう時代を長年待っていました。けれど今でもまだ残念なのは、PubMedが全世界で無料で使える医学文献データベースなのに、日本の医中誌WebやJDreamIIIは、有料です。そのためその存在自体を知らない一般の方が大勢いることです。

元千葉県がんセンター患者図書室「にとな文庫」の下原康子氏は、東邦大学医学部図書館在籍中から一貫してそういったことを主張し、朝日新聞にも掲載されました[21]。いつでも下原さんと接していると私自身、本音で語れる素直な気持ちになれます。

２０１６年11月現在、医中誌Webを公共図書館で導入しているのは、国会図書館も含めてたった23館だそうです。愛知県で進んでいる「めりーらいん」[22]のような、公共図書館と医学図書館や病院図書館との連携が進み、患者さんも含めて誰もが図書館で医学情報、健康情報を調べられるようになって欲しいものです。

1▼5　病院図書館の仕事

ここで、病院図書館の仕事を大まかに整理してみます。「病院図書室の一日」にもさまざまな形で登場してきましたが、まず、管理業務として、本や雑誌を利用者の皆さんが使えるようにする必要があります。

(1) 本のしごと

選書発注。本を選びます。どんな本が必要かどんな本を図書室に置いたら良いか、常に考えています。病院職員の医師のほかに、看護師・薬剤師・理学療法士・作業療法士・言語療法士・

放射線技師・臨床検査技師・管理栄養士・歯科衛生士等々、病院にはさまざまな専門職のスタッフがいます。それぞれが図書室に入れて欲しい図書をリクエストしてきます。医学を取り巻く状況は日々変化しており、事務員からもリクエストが多数寄せられます。そのリクエストの本が必要な本であって新しい重要な本であることを確認して、「購入希望申込書」に記入してもらい、経理課にまわして、各部署の予算状況を調べてもらいます。予算が残っていれば、すぐに書店に発注します。届いたらデータの登録、分類、装備（ラベルの貼付など）して、新着コーナーに配架。新着案内を掲示板に貼ったり、図書室のホームページなどに載せます。

最初の「選書」の仕事は、図書館にとってもっとも重要な仕事の一つだと思っています。

(2) 雑誌のしごと

どんな雑誌をとっているか、もらっているかがわかるようにします。どの雑誌がいつから（何年何巻何号から）所蔵しているのか、瞬時に調べられるようにします。リストを作成したり、データを検索できるようにします。

新しく届く号のチェック、データ（巻号年、受入日、特集号等）の入力、装備、配架。抜けてしまった号（欠号）や、なかなか届かない未着の号は書店等にクレームします。

数年に一度は雑誌の見直しをし、別の雑誌に切り替えることがあります。電子ジャーナルへの移行も多くなっています。

(3) 電子資料・データベース・診療支援ツール・ＤＶＤなど

電子資料が増えています。電子ジャーナル（e-journal、オンラインジャーナルともいう）や電子ブック、文献検索のデータベース（前述の医中誌ＷｅｂやＪＤｒｅａｍIII、メディカルオンラインなど）、インターネットを利用したさまざまなツールもできています。電子ジャーナルにリンクするソフト、前述したリンクリゾルバなども必要です。診療に直接関わる診断、検査、治療などを検索できるソフトもあります。もちろん信頼できるツールです。有料のものが多く、年間契約します。パッケージ商品になっていたり、出版社毎の契約だったり、アクセス方法もいろいろなので、常に新しい情報を仕入れ、毎年利用統計などを調査し決めなくてはなりません。契約したら、それらを利用者が簡単に使えるように設定します。随時使い方の説明も必要です。

(4) 経費管理

図書・雑誌・電子資料の購入は、すべて図書資料費として計上されますので、常に経費の管理が必要です。予算を最大限に利用しますし、病院の経営者側へのアピールが大事です。図書室運営委員会の委員には経理課のスタッフも入っています。

(5) 除籍・廃棄

図書館のスペースが限られていますので、本の除籍・廃棄については常に考えています。すべての本や雑誌を永遠に所蔵し続けることはできません。廃棄基準を決めて時々リストアップします。

(6) サービス業務

新入職員向けのオリエンテーション、文献検索等の利用指導、利用案内やホームページの作成、貸出・返却・督促業務、ＩＬＬ、そして、レファレンスサービス（何でも相談を受け付けます）、個人注文図書の手配などなど。

このような業務が具体的にいろいろありますが、ともかく１人か２人で運営する小さな図書館ですから、毎日の業務以外に、何といってもマネジメントが大事です。全体を見ることも必要、将来構想も必要でしょう。図書室運営委員会の調整と開催、他部署とのコミュニケーションが重要です。

病院図書館のことを少しずつ、おわかりいただけたでしょうか。

第2章
振り返って、1970年代から
手作業の時代

2▼1　川鉄千葉病院図書室事始め

さて、私の勤めた図書室は最初、どのようだったでしょうか。

ホントに小さな小さな40㎡ほどの部屋をあてがわれ、そこにカルテを入れていた棚を数本もらい受けて、並べてありました。閲覧テーブルも、私のデスク（カウンター?・兼作業台）もすべてどこからかの払い下げでした。この私のデスクは、初代院長が使っていたデスクだった（！）そうで、これはなかなか立派で木製で大きくて、私は20年間くらいそれをカウンターと作業机として使いました。

入職したとき、どんな本や雑誌があるのか、ほとんど把握できませんでした。病院で本や雑誌を購入すると、誰かが蔵書印を押し、ノートに1行に1冊ずつ、書名などを書いていたよう

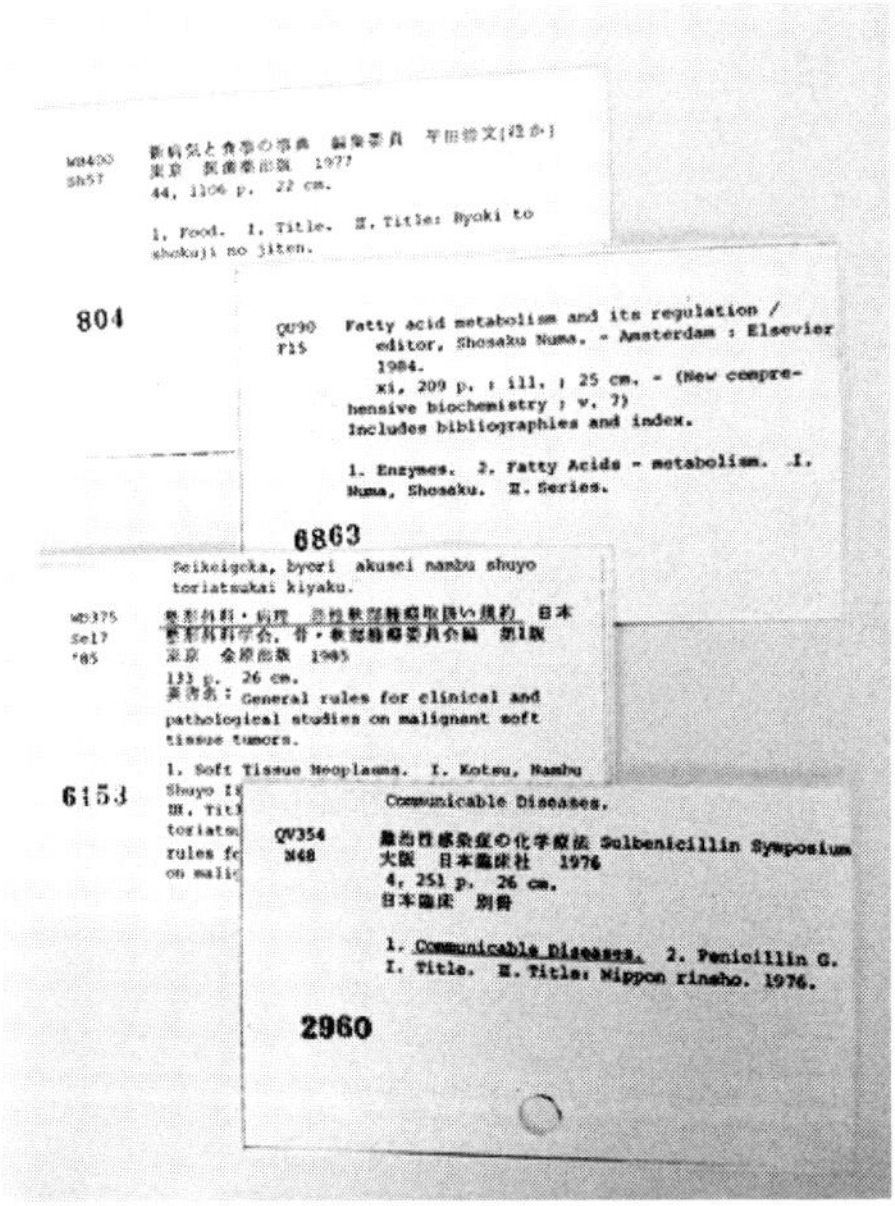

写真 2-1　目録カード例

です。本も雑誌もまぜこぜでした。その後、その本や雑誌は医師たちが持って行ってしまい、それきりどこへ行ったやら…　ですから、何があるのやらわかりません。普通の英語の辞書すらありませんでした。

そして、医局や病棟などに散らばっている病院の本や雑誌を、ストレッチャー（患者さんを乗せて運ぶもの）を押して病院中を回って回収してきました。いわゆる図書館で使うブックトラックがまだなかったのです。

本は1冊1冊目録カードを作成して、登録していきました。雑誌は、何を購読しているのか、リストアップしました。そして欠号だらけのことが判明。図書館では保管していく雑誌は、製本します。目録カードって何？　という方々もいらっしゃることでしょう。今では過去の遺物でしょうか。昔は図書館に必ずあったものです（写真2-1）。

インターネットもなくパソコンもなかった時代には、タテ75㎜、ヨコ125㎜（約3×5インチ）の横長で下の方に丸い穴の空いたカードに、本の書名、著者名、出版社、出版年、分類などの情報を決まった形で記入し、それを何枚もコピーして、索引を作っていました。書名から探せる索引、著者名から探せる索引、分類から探せる索引などなど。

新卒司書がいきなり病院図書室を一人で立ち上げる。今では、おそらく二の足を踏むくらいでしょうけど、何もコワイものがなかったというか、お手本もほとんどなかったので、いきなりあなたはダメ、といわれることもなく便利に使ってもらえればある意味大丈夫だったのです。

就職をお世話になった今まど子先生には、ご自宅で一日研修させていただきました。これからたびたび登場することになるDaily Report（業務日誌）によると、就職して数日後の4月23日（土）の午後のことです。今覚えていることはまず、分類法を一般的なＮＤＣ（日本十進分類法）ではなく、ＮＬＭＣ（National Library of Medicine Classification）米国国立医学図書館分類法を使いなさい、といわれたこと。そして、雑誌の整理のしかたです。医学には雑誌が重要、ということをそのとき強調されたのでした。雑誌を雑誌名のアルファベット順に並べる、そして雑誌も貸出する、貸出カードでの運用のしかた、そのカードを利用して製本したときに、製本雑誌を登録してそのカードを再利用するやりかたなど、かなり具体的なものでした。

そして、そのとき先生はしゃぶしゃぶ鍋を作ってくださったのでした。それはお鍋にお酒をドブドブとタクサン入れて、昆布を敷いて、しゃぶしゃぶ用の薄い美味しいお肉とシャキシャキほうれん草をいただくというものでした。私は腕まくりをして大根おろしをタクサン作りました。大盛りの大根おろしでいただくのがまた、とっても美味しかったのです。

実はこれは20年も後になって、中央大学大学院で再び今先生にお世話になった時、今ゼミの院生のみんなと先生のご自宅で同じお鍋をご馳走になることになります。鴨鍋のときもありましたっけ。まさか、そんな将来があるとは思ってもみなかった22歳の頃です。

今先生のことはまた触れることになりますが、私の獨協大学時代の司書過程の先生の授業では、毎週レポートを提出させるなど、アメリカ仕込みの厳しいものでした。卒業の年の2月締切で最後のレポート提出、先生の自宅に郵送するものでした。今でも覚えていますが、それはデータベースに関する*Library Journal*か何かの英語論文を翻訳するものでした。当時、「データベース」という言葉さえ聞いたことがなく、“database”をどう訳してよいかどうしてもわからず、カタカナで「データベース」として提出しました。それは偶然正解でしたが、その頃は不安でしかたなかったのです。

その後、先生から自宅へお電話をいただき、ちょうど不在だったので折り返しお電話をしたのですが、その最後のレポートの出来が悪くて単位を落としたのではないか、と本気で心配しました。そうではなく、それは病院図書室への就職の話だったのです。

仕事を始めてからもう一日、研修に行ったことがあります。4月27日のことです。私を紹介してくれた順天堂大学図書館です。病院に私を送り込んでくれた順天堂大学図書館の横田隆之事務長が私を受け入れてくれました。一日で全部の部署を回らせてくれました。その後、ずっと順天堂大学図書館、特に兼岩健二さん、渡辺良子さんにはお世話になることになります。図書館の方針、業務内容（目録・分類、雑誌、ILL、レファレンス）、そして、雑誌の受け入れ作業をさせてもらったり、レファレンスツールを紹介してもらったり。その時思ったことは、司書の皆さんがみんなとても熱心に勉強していたということです。大学では習っていないこと、

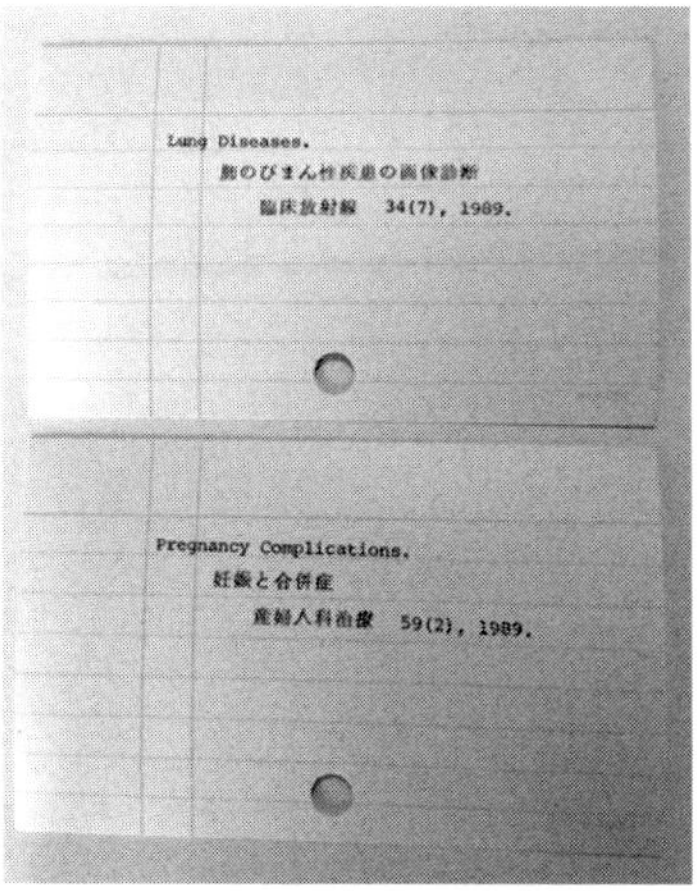

写真2-2　雑誌特集記事索引カード例

医学資料に関してとても詳しいので、感心して帰ってきたのを覚えています。「そうなんだ、これからが勉強なんだ」ということです。本当は1週間くらい研修を受けたかったものでした。

雑誌の特集号の索引カードも作成していました（写真2‐2）。これも順天堂大学図書館で研修したときに発見したのです。ですから、医学図書館ではたぶん作成していたところがほかにもあったことでしょう。順天堂大学では、『医学雑誌の特集索引』という冊子も発行していました。蔵書も少なく何の本があるかも把握できていないここの図書室では、毎週届く雑誌の情報は重要です。国内雑誌、特に商業雑誌にはよく特集が組まれています。最近の特集テーマを挙げてみると、「脳卒中─新時代の治療を求めて─」、「一般病棟における認知症高齢者へのケア」、「要点ここだけ！心電図」、「輸液療法 はじめの一歩」などなど。なかなかわかりやすそうでしょう。それをカードに何枚も書いて、雑誌名索引と件名索引（ＭｅＳＨ、メッシュを使いました）を作成しました。今ではパソコンに入力すると翌日にはインターネットで検索できるようになっていますが。

件名のＭｅＳＨとは、Medical Subject Headings の略で、今ではインターネット版のＰｕｂＭｅｄで検索ができるようになっている、シソーラスです。シソーラスとは、簡単にいえば、統制されたキーワード集です。同義語がたくさんある場合など、決められた言葉で検索すると、すべてを網羅して検索してくれます。当時、ＭｅＳＨは、冊子体で出版されていて、日本語訳の版も出ていました。現在、世界中で最も利用さている、医学文献検索サイトのＰｕｂＭｅｄの前身である*Index Medicus*（ＩＭ、インデックス・メディカス）を、文献検索に使っていまして、この索引誌の件名索引の件名がＭｅＳＨだったのです。私としてはＭｅＳＨを勉強しないわけにはいかなかったので、日本の雑誌の特集号の索引カードをＭｅＳＨを利用して作成し始めました。

この特集号の索引カードが、利用者にすごくよく使われたわけではありませんが、何か聞かれた時には、本がなくても特集号を索引カードで検索できたわけです。

話が前後しますが、*Index Medicus*（ＩＭ）自体、最初は図書室に所蔵していませんでした。日本の医学文献を探せる、当時抄録誌であった『医学中央雑誌』だけは購読していました。*Index Medicus* は月刊誌で毎月、分厚い冊子が届きます。そして一年経つと一年分が全部編集し直されて、*Cumulated Index Medicus*（ＣＩＭ）となって出版されるようになっていました。過去の文献を検索するにはこれを所蔵することが重要でした。このバックナンバーが欲しくて欲しくて。一年に一年分ずつ、バックナンバーを購入してもらい、最終的には１９６０年の第1巻からのＣＩＭを揃えました。なかなか揃わなかったので、それまでは、不要になった月刊誌の *Index Medicus* を川崎製鉄の腐食防食研究室から全部貰い受け、タクサンの *Index Medicus* に埋もれながら1冊ずつ検索していたことを思い出します。1年分検索するのに12冊

写真 2-3　製本雑誌例　引っ越しを機会に製本雑誌の色を変更

調べるわけですね。

その腐食防食研究室から*Index Medicus*や不要になった本をたくさん譲り受けたのですが、それをなんと救急車で運んだことを思い出します。初めて救急車に乗りました！　当時、病院では病院専用の救急車を持っていました。ですから、消防署の救急車ではありません。病院所有の車は黒いセドリックと救急車しかありませんでしたので、本を運ぶのには救急車が最適でした。もちろん、ピーポーピーポー鳴らしませんよ。それ以来、一度も救急車には乗ったことがありませんが。

またまた話がそれました。さて、雑誌は、欠号なのか未着なのかもわからない状態でしたが、製本自体、したりしなかったりの状態でした。図書館では通常、長く保管しておく雑誌は製本することが多いのです。特に学術雑誌は古くなっても役立つものも多いため、きちんと業者に依頼して製本してもらいます。

1年分を厚さなどによりますが、2～3冊に分冊します（写真2-3）。

当時、ほとんどバラバラの状態でしたが、製本の準備を始めました。揃ったものを紐でくくっておくのですが、製本費がもったいないと言われ、製本費を本の購入費に回そうなどといわれ、数年間も製本できませんでした。その間にも、雑誌がどんどん紛失してしまいました。結局、その後散逸を防ぐために製本することになりました。

また、ようやく図書室ができても、貸出の手続きをせず勝手に本や雑誌を持っていってしまうことが絶えませんでした。「貸出ノートに書いてください」と言うと、「えっ？　書くの？」といった具合。これが図書館でしょうか？　当時の貸出ノートの表紙には、「〝チョット〟と思わずメモしてください！」と大きく書かれています。

くじけそうになりながらも、仕事をしていましたが、その頃はインターネットもないばかりか、パソコンもデータベースもありません。当時、千葉県内で唯一の病院図書館といってもよいのが千葉県がんセンター図書室でした。そこには二人の司書が配属され、しっかりとした仕事をしていました。平川裕子さんと稗田禮子さんです。お二人にはたいへんお世話になりました。特に平川さんには手取り足取り教えてもらい、彼女とは一生のお付き合いとなります。I

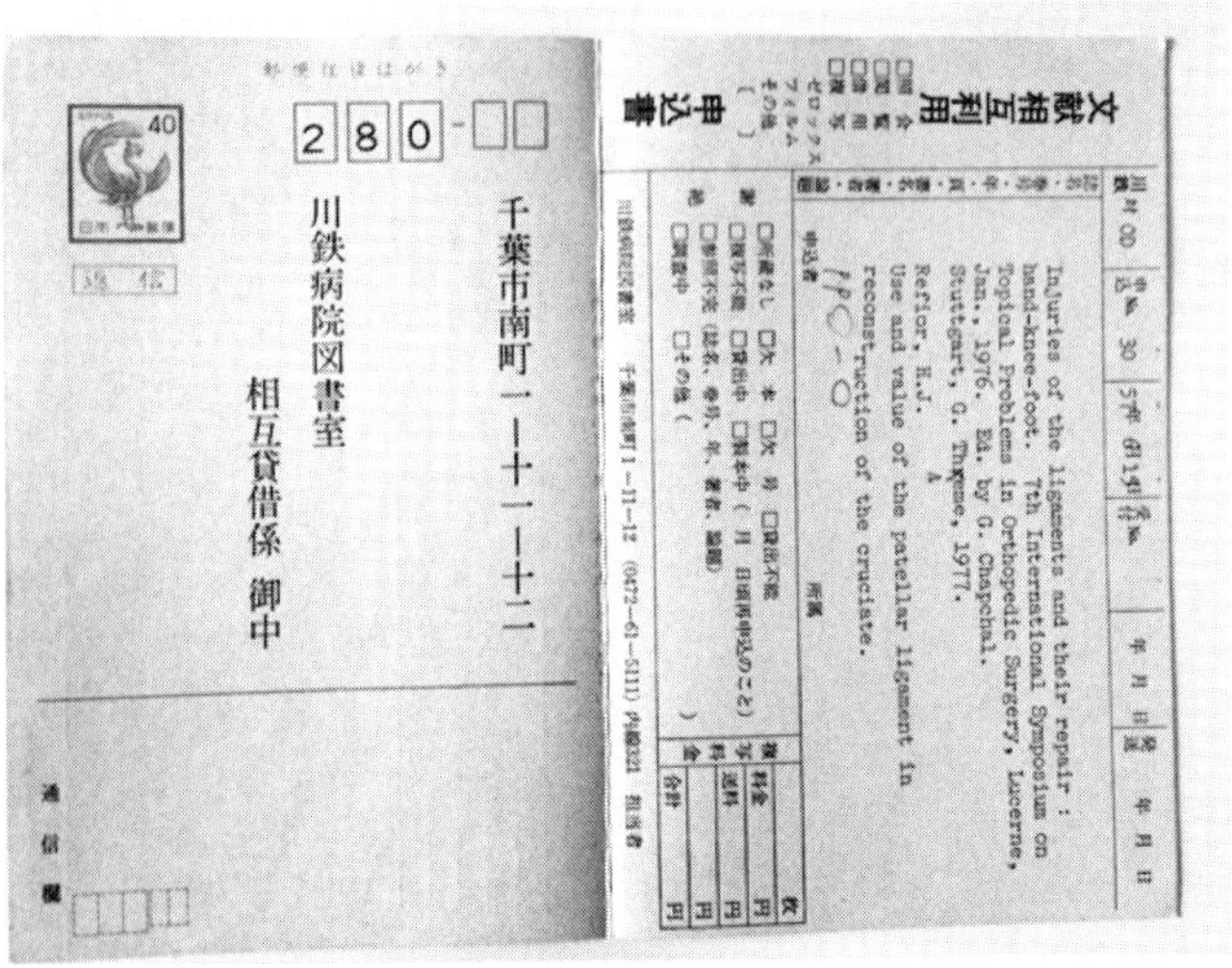
郵便往復はがき

280-

千葉市南町一ー十一ー十二

川鉄病院図書室

相互貸借係　御中

文献相互利用申込書

Injuries of the ligaments and their repair : hand-knee-foot. 7th International Symposium on Topical Problems in Orthopedic Surgery, Lucerne, Jan., 1976. Ed. by G. Chapchal. Stuttgart, G. Thieme, 1977.

Refior, H.J.

Use and value of the patellar ligament in reconstruction of the cruciate.

写真 2-4　ILL 用の往復ハガキ例

ＬＬの処理の方法を一から教わりました。医師に文献を取り寄せて欲しいと言われ、どうしてよいやら。まず、図書係だった内科の有賀光先生（当時、副院長）が千葉大学附属図書館亥鼻分館に連れて行ってくれ、図書館の職員に挨拶させていただきました。その医学部の図書館に毎週、行くことを覚えました。そこで文献を探して自分でコピーし、料金を支払ってきます。依頼した利用者に文献を渡します。けれど、全部を千葉大学でまかなえるわけではありません。千葉県がんセンター図書室にも依頼していました。病院図書室研究会（病図研）が1976年にすでに設立しており、その話を聞き、出かけて行きました。そこでは困った者同士、助けあったり支えあったり勉強していました。わからないことを一つ一つ聞いてまわったり、文献を依頼したり。平川さんには、どこの図書館に文献が所蔵されているかも調べてもらい、往復ハガキを利用して申し込む方法も手取り足取り教えてもらいました。今ではインターネットのＮＡＣＳＩＳ‐ＩＬＬ（ナクシス・アイエルエル）というシステムで申し込めますが、当初は、往復ハガキを使っていたのです（写真２‐４）。カーボン紙を使って往復両方に書誌事項を記入していました。

当時、日本医学図書館協会は、各医学図書館の雑誌の所蔵状況をまとめた「総合目録」を出版していましたし、毎年、『現行医学雑誌所在目録』も出版していましたが、それを購入するお金もなかったのです。

ＩＬＬの第1号は整形外科副院長からの申込でした。１９７７年10月のことです。英語の古い論文で千葉大学附属図書館亥鼻分館に依頼したものの所蔵がなく、千葉大学から慶應義塾大学医学図書館に依頼してもらい、ようやく入手できました。最初の年は計27件、ほとんどが千葉大学、あとは千葉県がんセンターと三井記念病院、聖路加国際病院でまかなっていました。最初の年から医師だけでなく看護師や臨床検査技師からの申込もありました。翌年１９７８年には56件、１９７９年には88件と増えていきます。

そして１９８０年にははじめて、国内に所蔵がなくそれでもぜひ欲しいという文献を海外、英国のBritish Library（ＢＬ）に発注しました。当時のBritish Library Lending Division（ＢＬＬＤ）、その後British Library Document Supply Centre（ＢＬＤＳＣ）となりますが、ここでは日本でクーポンを円で購入することができ、それを利用して複写文献を送ってもらうことができたので、たいへん便利でした。

大学を卒業したばかりの新卒で、司書とはいえ医学のこともわからず、新米の司書。ハッタリの毎日といってもいいでしょう。やっと図書室に司書が入った、専門家が入った、と言われたのです。聞いたこともない医学の専門用語を言われ、探してくれと言われてもわかりません。ともかく紙に書いてもらい、「調べておきます」と言い、すぐに平川さんに電話して調べてもらっていたのです。電話一本が情報の手がかりです。「わかりません」、「ありません」と言っていたら誰も図書室を利用してくれなくなってしまう、そういう恐怖のようなものを感じながら、何でもいいから少しでも利用者に答えを渡す、何かしらの方法を渡す、手ぶらでは帰さない、そのように毎日を過ごしていました。この考え方は、長年続きます。ある意味ずーっとこの仕事をしていく限り続きました。病院図書室はいくら頑張っても大学の医学図書館のようなたくさんの蔵書や情報に追いつくことはできません。けれど24時間オープンのコンビニのようになればいいんだ、欲しいものそれ自体はなくても替わりになるものを探して提示できれば、なんとかなる。

その頃、内科の中に「脂質研究グループ」の医師が何人かいて、とても熱心に研究していました。メンバーは、白井厚治先生（その後、東邦大学教授になりました）、松岡信夫先生（今は、高松市に帰り開業しています）、篠宮正樹先生（船橋で開業しています）、佐々木憲裕先生（佐倉厚生園病院副院長です）、森崎信尋先生、村野俊一先生（とちぎメディカルセンター下都賀総合病院の院長です。奥さまは皮膚科で、川鉄千葉病院に勤務されていたこともあり、私の友人です）など。彼らは毎日毎晩図書室を利用していました。外国雑誌のＪＢＣ（*Journal of Biomedical Chemistry*）やＢＢＲＣ（*Biochemical and Biophysical Research Communications*）、ＢＢＡ（*Biochimica et Biophysica Acta*）、その他の基礎系の雑誌もいくつか購読しよく利用されていました。その中の医師にはよく助けられ、30万円以上するＩＢＭの電動英文タイプライターを購入するのに尽力してもらったこともよく覚えています。私自身は、個人的に手動式！の英文タイプライターを持参していましたが。そんなこともあって、投稿論文のタイプを頼まれたこともありました。その後１９８０年には、電動の和文タイプライターも購入してもらいました。

いつだったか、病院の職員何人かとスキーツアーに行く予定で、夜中に病院に集合したことがありました。図書室に寄ったら、なんと図書室内にストレッチャーを持ち込んで仮眠をとりながら勉強していた医師がいて、ビックリしたこともありました。

仕事を始めた日から退職まで、毎日欠かさずノートに記録をとっていました。Daily Report（業務日誌）のノートは全部で173冊になりました。毎日やった仕事や考えたこと、聞かれたこと、何でもメモしていました。1977年4月19日から2016年3月31日までです。

4月1日付けで就職の連絡がなかったので、私はのんきに旅行中でした。その頃卒業旅行という言葉はありませんでしたが、一度一人旅がしたくて能登方面へ行っていました。その最中に4月16日から働いてほしいとの連絡。なんと旅行中で行かれず最初から有給休暇をとったという、今ではビックリの就職初日でした。

最初のノートの表紙ウラには、「川鉄病院図書室のために」と書いてあります。そして、最初の4月19日のページには、（資料の）種類：単行書　洋書・和書、定期刊行物、カタログ・パンフレット、新刊案内、会議案内、研究報告レポート、月報・統計、新聞、とあります。そして、「現在、どんな図書があるか？　何冊くらい？」と書かれています。また、次ページには「NLM分類を丸善に注文」、「何が継続購入されているか、購入先」とのメモがあります。

いろいろなメモの後、4月21日には、プランが書かれています（表2-1）。

ここには記載がありませんが、5月24日には、「図書館運営規程（案）」を作成し始めています。とはいえ、これは幻の「規程」となりました。当時、（案）として図書係の有賀先生と相談し医局会に提出したものの、誰にも顧みられず保留となり、それきりだったのです。そんな

表2-1 プラン1977

4月	技研見学（出勤初日、川崎製鉄技術研究所図書館を見学）
	プラン作成開始
	医学図書館見学（実際には、順天堂大学図書館、千葉大学亥鼻分館、獨協医科大学図書館に4月～10月に行きました）
	必要な図書館用品リスト作成、提出1
	分類法決定NLM
	1976年からの雑誌整理
5月	定期刊行物の受入登録方法・利用方法について詳細決定
	必要な図書館用品・家具リスト作成、提出2
	図書室のレイアウト作成
	引っ越し（やっと、本来の図書室の部屋を明け渡してもらった。2階40㎡へ）
	新聞の整理・保管開始（スペースがないので、今のところやらない）
6月	単行本の受入・登録方法・利用方法について詳細決定
	貸出期限設定　雑誌1週間、単行本2週間
	単行本の分類・整理開始
	定期刊行物の整理開始
7月	雑誌製本（これはできませんでした）
	新刊案内
	会議案内
8月	サービス体制についてのプラン作成
	図書選択のための探索
	予算管理

机上のものは当時は要らなかったのでしょう。ですからある意味、図書室の規程、ルールは私が自由に決められる、変えられることにもなりました。司書の組織上の位置づけ、図書室の位置づけも曖昧でした。この幻の「規程」は26年も後になって、２００３年に日本医療機能評価機構の病院機能評価の審査をはじめて受けることになったとき、正式に作成しました。その時、ここぞとばかり「図書室運営規程」、「図書室運営委員会規程」、「図書室利用要領」の３種類作成しました。時期が来たということでしょうね。

そのほかにこの頃、雑誌や製本雑誌のリストの作成、未着欠号のチェックに相当時間を費やしています。また、旧図書原簿がありましたが、それは私が入職する以前のもので、前述しましたが、本も雑誌も一緒くたに1冊1行ずつ書名や誌名などをただ記入したものです。1行記入して、蔵書印を押したらおしまい、あとはどこへやら。勝手に読みたい医師が持って行ってしまっていたのです。ですから、その本や雑誌の回収をするため、ストレッチャーを押して病院中を回り、蔵書印のある本を探し集めて回ったことも前述しました。

そして、司書の仕事をリストアップし、スタッフマニュアル（業務マニュアル）っぽいものも作成しました。利用者向けの利用案内も作成し始めています。

9月には、このプランについて検証し、やったこと、継続中のこと、新しくやったことなどが書かれています。そして初の蔵書構成として、和洋別蔵書数や雑誌数、不明本の冊数などがメモしてあります。コピー件数や英文タイプの依頼件数も。具体的な数字は、１９７９年発行の『川鉄病院誌』(1)に書いています（表２‐２）。まだまだ数字は小さいけれど、数値化したことの意義は大きかったと思います。すでに二次資料も増やしつつあり、また、文献検索のオンライン化について、文章で触れています。その後毎年、『川鉄病院誌』や『病院年報』に現況を報告させていただきました。

二次資料とは、前述した『医学中央雑誌』や *Index Medicus* のような索引誌・抄録誌等で、一次資料（オリジナル文献など）を探すためのツールです。今ではインターネットでのデータベースに取って代わってしまいましたが、当時は図書館には二次資料が「命」と言われていました。けっして捨てないようにと言われていたのですが…、インターネット時代になり、その常識も覆される時が来るとはその当時、思いもしませんでした。

同じ『川鉄病院誌』に、「病院図書室の特殊性：ネットワークからはみ出した病院図書室の将来」と称して文章を書きました。利用者（医師）に対して実施した利用者ニーズ調査報告を載せています。その結果報告と、当時の日本医学図書館協会加盟館との格差、そしてその協会というネットワークに加盟できない病院図書室の嘆き、さらに、病院図書室間で立ち上がった近畿病院図書室協議会と病院図書室研究会（病図研・現日本病院ライブラリー協会）という二つのネットワークについて、はたまたアメリカの病院図書室まで引き合いに出して論じているのが今読

表2-2　昭和53年度図書室利用統計並びに現況（抜粋）

蔵書構成（昭和54年3月現在）

総数　約2,500冊（製本雑誌含）

現行受入雑誌数　和66種　洋41種　計　107種

受入単行書数（昭和53年度）　151冊

二次資料

Cumulated Index Medicus 1974-

医学中央雑誌　1967-

国内医学雑誌記事索引　1978-

Current Contents: Clinical Practice　1978-

NLM Current Catalog 1975-

Neurosurgical Bibio-Index 1969-

予算（昭和53年度）　2,093,780円

図書整理法

目録法　和NCR　洋ALA

分類法　NLM分類（一般書はLC分類）

図書室利用状況

利用者数 PMのみ	貸出（冊）		文献複写		レファレンスサービス件数	相互貸借件数（借）
	単行書	雑誌	件数	枚数		
2,545	285	301	250	2,376	507	69

むと恥ずかしいくらいです。

千葉大学附属図書館では、私が入職した年の10月13日から、第2と第4木曜日の夜と決めて勉強会を始めました。おもに医学図書館に関する英語の本や文献を読んでいました。最初読んだ本は、“*How to use a medical library* 5th ed.”(2)、参加者は、千葉大学附属図書館亥鼻分館の坂上さん、山崎さん、千葉大学本館の太田さん、千葉県がんセンター図書室の平川さん、稗田さんそして私の6人でした。その後参加者も増減し、だんだん回数は減りましたが、英語の論文を読むきっかけをもらい、そして仲間が集まっての帰りの夕食会が楽しくてよく参加していました。

亥鼻分館には、多い時は毎週のように通い、文献をコピーしていました。各研究室に分散した雑誌の中を探すのもタイヘンでした。どこの研究室の秘書さんも親切で、川鉄病院図書室ですと名乗ると、どうぞ利用してくださいと言ってくれますが、研究室所蔵の雑誌はキチンと整理されているとは言い難く、ホコリにまみれながら探し当てたこともありますが、結局欲しい文献の掲載されている号だけがない、ということもありました。ILLがスムーズにできるようになってからは、研究室所蔵の雑誌は、別の大学図書館に依頼するようになりました。

入りたての新人の頃は、医師からの要望は全部引き受けなければならない、と思っていましたから、文献検索も同様です。ある医師から、この症例について『医学中央雑誌』を創刊号から調べて欲しい、という依頼がありました。当時、論文を書くときに珍しい症例報告の場合、「本邦○例目」という文言を入れることがありました。何例目であるかを、『医学中央雑誌』で調べるわけです。当然、ここの図書室には創刊号からはないので、亥鼻分館に行き見せてもらいました。『医学中央雑誌』の創刊は１９０３（明治36）年です。別室に案内され、一人でこの膨大な資料を調べました。今となってはどんな症例だったのか、どのくらいの件数だったか、どれだけ時間がかかったのかまったく覚えていませんが、なかなか貴重な体験でした。誌名が旧漢字の『醫學中央雑誌』、本文はもちろん縦書き、漢字とカタカナ混じりです。とても読みにくいのですが、ときどき挿絵などもあったり、新刊案内なども入っていました。そして、第二次世界大戦中と戦後は紙質も悪く厚さもかなり薄くなってしまっていたことが印象的でした。

今、この『醫學中央雑誌』創刊号から１９８３年3月までは、「国立国会図書館デジタルコレクション」(3)で全文閲覧することができます。「医中誌Ｗｅｂ」では、１９７７年分から検索可能になっています。

仲間といえば千葉の仲間だけでなく、病図研の仲間にはほんとうに支えられました。職場では司書は一人、図書館の仕事をわかってくれる職員はいません。病図研に最初に参加したのは１９７７年12月３日の研修会で、国立東京第二病院文献情報センターの見学会でした。帰りに三井記念病院図書室の見学もさせてもらいました。そこの図書室に勤務していた上原みどりさんには、この時から現在までの長い間、どんなにかお世話になったことか、いいつくせないものがあります。

2▼2　図書室専任から兼任、そして再び専任に

もうじき1年、仕事にようやく慣れこれからが本番という頃、１９７８年3月、突然全然別の仕事を半日するように、と命じられます。3月6日のDaily Reportには、「明日より午前中のみ図書館業務、午後は当分の間（半年か1年）コンピュータ室にて疾病分類作業ｅｔｃ」とメモがあり赤いアンダーラインが引いてあります。このときのことは、はっきり覚えています。ショックでした。一生懸命やっているのに、そして、まだまだまったく図書室の仕事が軌道に乗っていないのに、別の仕事をするなんて。その場で異議を唱えたように記憶していますが、ダメでした。強気で抗議しましたが、後でこっそり泣いたことを覚えています。イヤだったら辞めなければならないんだ、そう思いました。辞めるには早過ぎる、始まったばかりなのに。結果、翌週の月曜日から半日7階のコンピュータルームにて、疾病分類作業とキーパンチャーの仕事が待っていました。ともかくシステム課のこの仕事は午前中にして、図書室の仕事は利

用の多い午後にしてもらいました。

半年か1年、との約束がなんと足掛け4年に及ぶことになります。何年も後になって振り返って感じたのは、このシステム課での仕事が無駄ではなかったということです。なんといっても病院ですから、病気の名前を覚えることはけっこう重要です。本の分類ではなく、疾病分類です。そして他の部署とのかかわりの重要性、特に事務部門との。

外来と入院、全部の病気の名称を医師が伝票に書きます。それがコンピュータルームに集められます。一人で5つも病気を持っている人もいます。ＷＨＯが出版している *International Classification of Diseases*（ＩＣＤ）[4]という疾病分類の本があり、それに添って分類するのです。もちろん日本語訳もあります。ただ、医師の書いた手書きの文字はあまりにも達筆すぎて読めないものも多く、苦労しました。英語かと思いきや日本語だったりしました。それをコード化し伝票に記入し、それを見ながら入力するのです。毎日の外来と入院、全部の病気が私の仕事です。かなりの量でした。その頃は今のようなパソコンではなく、大型汎用コンピュータでした。キーパンチャーという職業がありましたが、そのキーパンチです。カードに穴を開け、それをコンピュータに読ませるのです。といっても今ではわからない方々がほとんどかもしれませんね。

システム課の優秀な女性スタッフが一人長期休職の末退職する予定で、その後任がまだ決

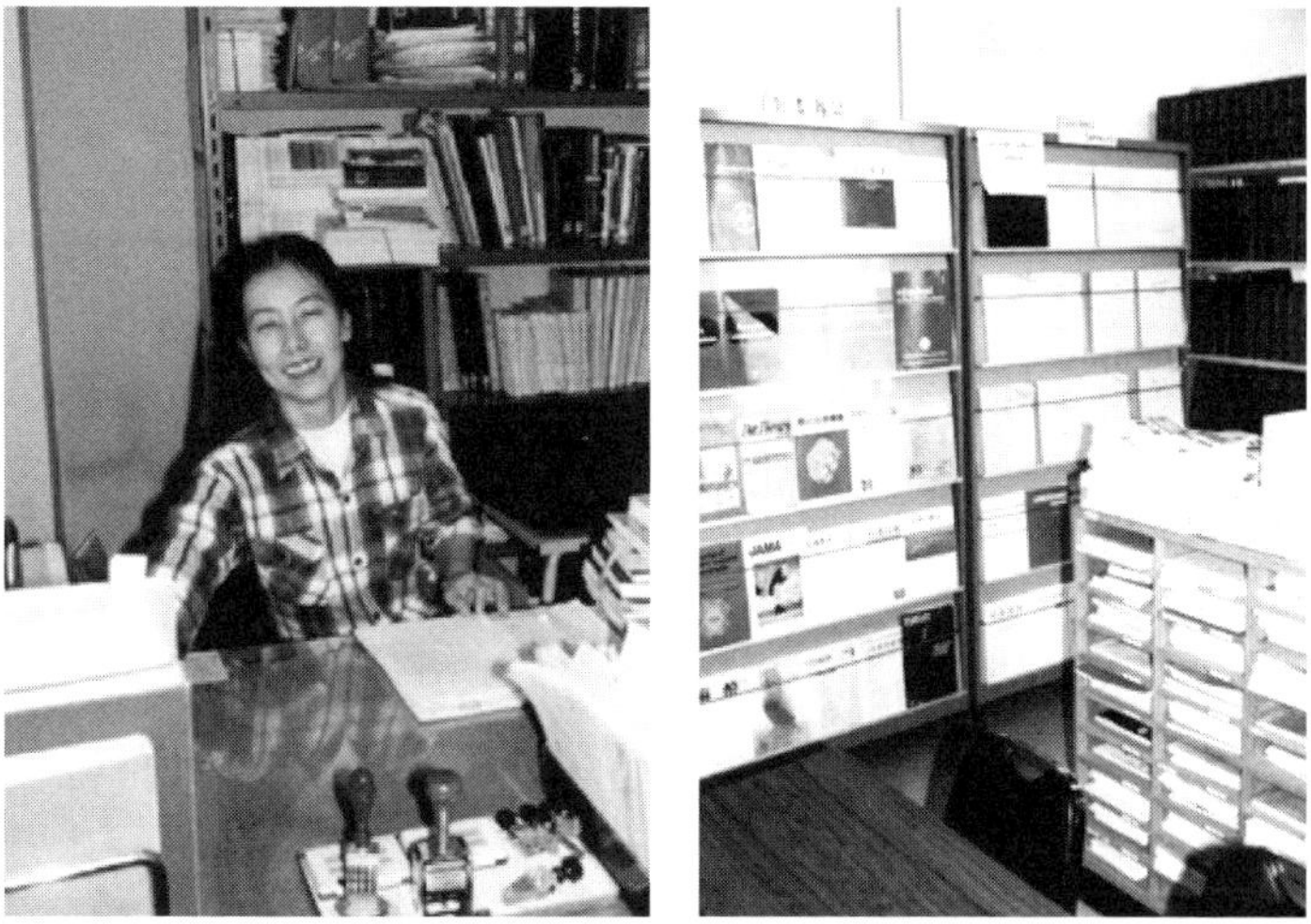

写真 2-5　最初の図書室（左写真筆者）

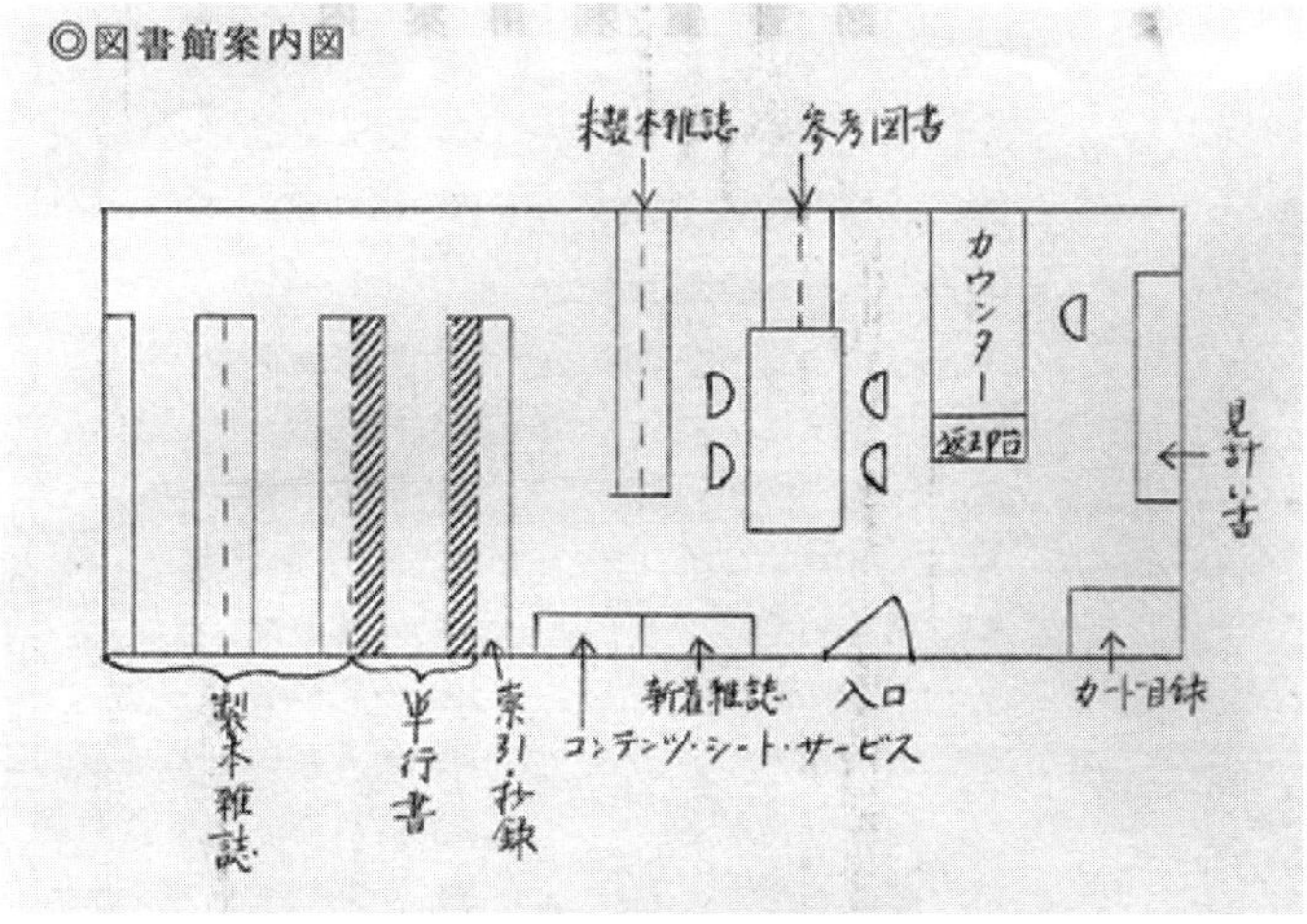

図 2-1　最初の図書室レイアウト

まっていないので、その間を一時私が引き受けるということでした。けれど、実際に一人新人が入職してからも、私はシステム課から離してもらえませんでした。そこの仕事が嫌いではありませんでしたが、私はやはり図書室をもっとなんとかしたい、それにはやはり専任になりたい、その気持ちが募っていました。システム課の上司は話もよく聞いてくれて、司書は一人しかいないのだから、と後押ししてくれました。ヘビーユーザである医師たちが、「なんで図書室にいないんだ」と言ってくれて、ちょっとしたゴタゴタもありましたが、最終的に1981年めでたく図書室専任に戻りました。この時はほんとうに嬉しかったのを覚えています。1981年6月10日のDaily Reportには、赤字で、「明日より、図書室専任になります‼4年越しのたたかいでした…。この気持をあらたに」と書いてあります。その頃の写真2-5(左)です。

2▾3　蔵書が図書室からあふれて廊下まで

もともとの図書室は図2-1のような小さな図書室です。書架も数本しかなく、テーブルも一つ。雑誌は雑誌架が2連しかないためこれは新着雑誌とコンテンツ・シート・サービスに使い、ピジョンホール(写真2-5右)に1年分を入れていました。

記録では1979年度の資料費実績が約316万円、1980年度は426万円でしたが、1981年度の予算要求は620万円以上で提出していました。今思うとどんどん増えていました。本や雑誌も増え、製本雑誌もどんどん増えました。約6年で2倍の5000冊を超えていました。1980年のその頃、2階に図書室がありましたが、その付近に本を置くスペースはなかったため、翌年には7階のエレベーター前のスペースと廊下に棚を入れ、製本雑誌などを置くことになりました。

図書室以外にも院内でリハビリテーション科等が手狭になったとかで、増築の話が持ち上がりました。その頃は、図書室には蔵書が何冊あるか、雑誌を何タイトル購読しているかが重要だったのです。そのため、図書室が狭すぎるということは、何も言わなくてもみんな思ってくれていました。インターネット時代の現代とは違いますね。

1982年4月、初めて図書室のオリエンテーションを始めました。4月に入職した看護師対象です。看護部からの要望という形で始まり、これが毎年拡大し、医師や研修医、全職員対象に広がっていくことになります。図書室利用案内の冊子のほかに、手作りのスライドを苦労して作ったことを思い出します。もちろんブルースライドで、白抜きのものです。病理担当の臨床検査技師と一緒に、暗室にこもって作成したのを覚えています。だんだんカラー写真なども入れてカラフルにしていきました。テキストの原稿は和文・英文タイプライター、それからレタリングマシーンというものを使いました。当時は、目新しいこともあり皆さん、熱心に聞いてくれました。

この頃、オンライン検索の外注を始めました(5)。

1980年代くらいから、日本でも音響カプラというものに電話の受話器をはめ込んで、通信を始めていました。これで有名な医学文献データベースのMEDLINE(メドライン)などを検索できるので、早速、導入した聖路加国際病院に見に行き、関心して帰ってきたのを覚えています。この頃の通信は振動に弱くて安定性も低く、すぐ文字化けしたり切れたりしていました。それでも大学図書館ではこぞって導入し始めていました。その後、モデムが一般的になっていきます。パソコン通信全盛時代になってもなかなか当院でこれを導入することはできなかったので、当時、殿﨑正明さんを通して日本医科大学図書館に検索を依頼していました。

その当時のデータが残っています。1981年から1988年まで計53件依頼しました。「文献調査申込書」を作成し、調査主題や用語、対象範囲、調査期間、期待する文献数などを記入していました。そして使用するデータベース、検索の条件として狭い検索と広い検索のチェック欄、打ち出し形式、検索式を記入する欄、結果の件数と時間、料金など。見返してみると、申込用紙に動脈瘤の絵まで描いてあって、思わず笑えるものもあります。検索結果が送られてくると、いつも検索式の立て方と絞り方に感心させられていました。

当院で自前でオンライン検索を始めるのは、１９８８年になってからのことなります。

2▼4　1階へ引っ越し　ワープロ導入

１９８４年、１階を増築しリハビリテーション科の作業療法室の前に新しく図書室ができました。そこは約82㎡あり、約2倍の広さになりました。けれど、備品、いわゆる図書館用品は何も買ってもらえず､古い書架、古いテーブルをかき集めた図書室になりました。見た目はぱっとしませんでした。閲覧席は7席のみ､それでも書架はだいぶ増えて図書室らしくなりました。

その頃、ワープロが普及し始めました。すぐに新しいものに飛びつくのは私もそうですが、医局の医師たちも同様です。公的には購入してもらえそうにないので、医師たちがたぶん１人1万円くらいずつ身銭を出し合って、ラップトップのワープロを1台購入しました。それを医局会という会議で勝手に、図書室で管理する、と決めてしまいました。私としては、これ幸い。

私も早速使い方を覚え、仕事に利用し始めました。その当時の大西盛光院長はやはり新しいもの好きで、少し前にレントゲン室にＣＴが初めて導入された時は、毎日レントゲン室にもり、撮影のし方から何から全部覚えたそうです。今度は、図書室にワープロ（富士通オアシスライト）が入りました。外来診療のない日は、朝から図書室を訪れます。

「奥出くん、電源はどこだ？」から始まり、一つ一つ聞いてきます。私は、ほとんどつきっきりです。夕方になると、「取説、貸して」といってマニュアルを持って行きます。なんと勉強してくるのです。そんなこともあって、院長はワープロをすっかり覚えてしまいました。その熱心さには脱帽でした。

その頃のワープロには保存機能はなく、すべてその場で印刷するのです。画面も8文字分しか見ることができず、レイアウト表示なんて、小さな点で表されます。けれどその後、文書を保存できる器械を購入しました。それはなんと、カセットテープを入れてその磁気テープに保存するというものでした。音楽のカセットテープに何本も文書を保存していました。また、今のキーボードの配列ではなく、「親指シフト」という配列でした。富士通のワープロだったので特殊な配列規格だったのですが、これがなかなかのスグレモノでした。今はもう、まったく覚えていませんが。

大西院長はワンマンで有名でしたが、女性には優しかったかもしれません。何年も経ってからですが、生前当院に入院されたときも、病棟から私を呼びつけて、新しいケータイに電話番号の登録作業をさせたり、私に車いすを押させて、院内を挨拶まわりしたりしていました。車いすを押すことが初めてだった私は、あちこちぶつけながら押していましたが、怒ることもなく、優しいお父さんのようでした。

びっくりするかもしれませんが、最初の図書室は狭すぎてコピー機を置く場所はありませんでした。コピーのたびに病院の事務室へ駆け込まなければなりませんでした。ブックトラックにたくさんの製本雑誌などを乗せてコピーしに行ったものです。１階に新たに移転し、ようやくコピー機も手に入れました。それも珍しい、厚い本を上向きに置いてコピーできるというものでした。富士ゼロックスFace Up 10という複写機でした。この機種は立体をコピーできるので、何と手術で切除した臓器などをトレイに入れてコピーしたこともあります。

１９８５年10月1日～4日、第5回国際医学図書館会議ＩＣＭＬ（the 5th International Congress on Medical Librarianship）が東京の日大会館で開催されました。東京で開催されるのは初めてですし、これを逃す手はないと思いましたが、参加費は4～5万円とかで私にはとても払える額ではなかったので、ボランティアで何でもします、と伝えておきました。幸運にも、協力委員になることができました。分科会（Concurrent Session）の会場責任者（Room Manager）として、座長（Chairman）と打ち合わせ、会場点検、スライド受付、プロジェクターの用意、記録などを担当することになりました。英語に自信がなかったので、急遽、近所の英会話スクールに通い始めました。英語はともかく、ウエルカムパーティでは着物を着ておもてなしができたので、とても楽しい充実した4日間でした（6）。

この時、この会を誘致してきた当時東京大学医学図書館館長の山本俊一先生が、組織委員会副会長として参加されていました。同じ記事に山本先生と私の写真が写っています。私自身は当時まったく存じあげず、何十年も後になって、先生が当院に患者さんとしてかかられるようになった頃、先生からたくさんの蔵書の寄贈を受け図書館の話をするうちに、当時同じ場所にいたことが判明したのでした。とても喜んでいらしたのが印象的でした。

1986年5月9日から産休に入りました。産休中は友人の小川まゆみさんにパートタイムとして入ってもらいましたが、引き継ぎのようなことは1週間ほどしかできなかったので、最初は毎日電話がかかってきていました。

また、産休前の4月に、はじめてパソコンが入りました。NECの98です。院内では図書室と事務室に1台ずつ、当時の友澤正思事務部長が決断してくれました。毎年備品請求でパソコンを要望していましたが、ようやく手作業の時代からパソコンの時代へと移行していきます。

第3章 パソコンがやってきた

3▼1　図書室利用案内の変遷

１９８６年６月15日（日）父の日、そして千葉県民の日の朝に無事長男を出産し、その年の8月11日（月）から仕事に復帰しました。産休中仕事をしてくれた友人の小川まゆみさんと2日間だけ引き継ぎを行い、あとはまた一人勤務となりました。9月に開催した図書室運営委員会の後には、小川さんのお疲れさま会をやりました。小川さんには、次の引っ越し１９９７年のとき、再びパートタイム職員として入ってもらうことになります。この時から11年後のことですね。

まだまだインターネットのない時代です。インターネットでの「リンク」という方法は、それ以前には考えられなかったものでしょう。

インターネット以前は、「参照」というのでしょうか、図書館用語では「をも見よ参照」、「を見よ参照」という言葉が思い浮かびます。つまり、「をも見よ参照」は"See also…"、「を見よ参照」は"See…"です。それが、ネットではあっという間に飛んでいくのです。

1986年頃、アップル社マッキントッシュ（Mac）のパソコンでは、ハイパーカード（HyperCard）というソフトがありました。これはネット以前の「リンク」ではないでしょうか。ボタンを押すとジャンプできるというこのしくみ知った時、ちょっとした感動でした。図書館では利用者に対して、ここも見てください、こちらを見てください、という案内や掲示は、いろいろあるのです。このハイパーカードを使って、図書室の利用案内を作成したかったのですが、力量が足りず、そのままになっていました。

その代わりというわけでもありませんが、「アルバム式の図書室利用マニュアル」というパソコンとはまったく関係ないアナログなものを作成しました。

子どもだましのようなものではありましたが、これはけっこう楽しく作り、楽しく利用してもらい、『医学図書館』という雑誌に「病院図書室における応答式図解利用マニュアルの作成と評価」として投稿させていただいた後も、アルバム自体を全国あちこちの医学系図書館や病院図書室に貸出したりコピーを送ったこともありました(1)。こんなに反響があったのは初めてでした。これがその後、初期のスライド作成ソフトMacのAldus Persuasion（パーシュエイジョン）で作成する、「プレゼン用ソフトによる図書室利用ガイド」となり(2)、インターネットホームページでの図書室利用案内へと続いていくことになります。

なぜ、こんなに「図書室利用案内」にこだわってきたのか。冊子の「図書室利用案内」は毎年更新し、新入職員には必ず配っています。看護学生にも配っています。けれど、やはり一人勤務、One Person Library なのでどうしたって不在の時間帯がある、休みの日もある、休日や夜間の利用もかなりあるので、なんとかしたいという気持ちがいつもあったのだと思います。

3▼2　川鉄病院付属看護学院での授業　看護学校との関わり

この年1986年、はじめて川鉄病院付属看護学院で「文献の探し方」の講義と演習を始めます。当初の頃の授業に関してはこちらに報告しています(3)。この看護学校での授業はいろいろ形を変えながらも途切れることなく、現在まで続いています。学校の名称も何度か変わり千葉中央看護専門学校では2015年、「看護情報管理学」という科目の中のカリキュラムとして、「看護文献検索法」の講義と実習、5コマ担当しました。図書館の利用法から始まって、OPAC、横断検索（病院図書室と看護専門学校の蔵書の横断検索ができる）の使い方、文献検索実習とグループワークなど行っていました。2015年のレジメは表3-1のとおりです。

表 3-1　2015 年看護専門学校「看護文献検索法」レジメ

看護情報管理学Ⅱ「看護文献検索法」講義と実習 2015　場所：情報処理室

回数	日時	内容	担当
1	2015.6.16（火） 13:15~14:45	授業の概要 /OPAC・横断検索の使い方 病院図書室の利用 グループ分け（5 ～ 6 人× 6）	奥出
2	2015.6.22（月） 10:45~12:15	検索実習Ⅰ　医中誌 Web JDream Ⅲ　引用文献の書き方	成毛・奥出
3	2015.6.30（火） 10:45~12:15	検索実習Ⅱ　復習 メディカルオンライン、 最新看護索引 Web、CiNii ほか グループワーク開始（テーマを決める）	奥出・成毛
4	2015.7.9（木） 10:45~12:15	グループワークつづき 次回の発表方法 ★グループ課題提出 提出日：7 月 13 日（月）9:00	成毛・奥出
5	2015.7.15（水） 10:45~12:15	グループ課題の発表・講評 発表時間目安 7 分 / グループ 引用文献の書き方（再） ★学科試験：課題提出（個人） 提出日：7 月 23 日（木）9:00	成毛・奥出

情報処理室にはパソコンが80台ほどあり、この時はクラスの人数は32人でしたので、一人１台実際に文献検索の実習ができます。「看護情報管理学」という科目のカリキュラムに含まれており、30％占めていて３０点満点の採点もしなければなりません。試験としては課題提出を毎年全員期限に提出してもらい、細かい採点方法を決めていました。

課題の内容は、左の通りです。

1. テーマを決める
2. キーワードをいくつか書く
3. 図書の検索とその方法・見つかった本を書く
4. データベースを３つ選び、文献検索をそれぞれ行い、検索式と結果、見つかった文献とその入手方法を書く
5. Google や Yahoo! などの検索エンジンを使った検索をし、良いと思うサイトのＵＲＬ等を記載し、そのサイトの評価をする
6. 感想とアンケート（採点対象外）

なかなか厳しい課題でしょう？　けれど授業で実習していますし、グループ学習でも同じようなことをしているので、ほとんどの学生は理解できます。図書や文献の書き方がちょっと弱

くて、結果のデータをそのままコピペしただけ、という回答があり、それが毎年悩ましいところです。

看護学校との関わりはかなり古く、図書の分類を依頼されていたこともあります。病院図書室と同じ分類がいいのではと素直に思い、NLMCを使いました。それが今も続いていて、図書館管理システム「情報館」を双方に導入することになった際に、横断検索が可能になり、分類も同じですから、どちらの利用者にとってもわかりやすいものになりました。

さて、時代を戻して1987年頃、すでに書架は満杯状態となり、除籍・廃棄の必要に迫られます。「除籍マニュアル」を作成し、除籍・廃棄を始めます。書架も増設。ただし、製本雑誌、雑誌のバックナンバーを廃棄するのにはなかなか同意が得られず、1991年からは、1974年以前の製本雑誌を院外に持って行ってしまいます。川崎製鉄の古い建物内です。書架も設置せずただダンボールに入れたままでした。結果、利用のため取りにもほとんど行けません。結局、この時院外に持って行ったものはほとんどその後廃棄することになります。

3▼3　外国雑誌の悩み

病院図書室は、外国雑誌の占める割合はかなりです。タイトル数ではもちろん国内雑誌のほうが圧倒的に多いのですが、外国雑誌は高価です。年間購読となっていて、毎年まとめて支払います。国内の代理店から購入するのですが、その頃は、外国雑誌の未着・欠号が絶えませんでした。要するになかなか届かない､更には途中の号が抜けてしまうなど。私が入職した頃は、2～3か月遅れで入ってくることもあったくらいです。エアメールが高いということでシーメール（Sea mailですよ、ケータイのCメールではありません）を使っていました。船で送られてくるのですから遅いわけです。その上、欠号や未着があるのですから、それがわかった時点でもう品切れでしょう。クレームしてもそのままで入らない､ということはよくありました。バックナンバーを扱っている書店に注文することもありましたが、これまた高価でした。大学図書館などでは、直接海外の出版社にクレームの手紙を出したりしていたようですが、病院図書室ではそこまではなかなか無理でしょう。そのうちエアカーゴにはなりましたが、それでも未着・欠号は減るわけではありません。

ある時図書室で、ある医師が、ある外国雑誌がまだ届かないと言って、代理店に直接電話して怒っていたことがありました。私には文句を言いませんでしたが、それは私の責任でもある、とその時つくづく思いました。それを解決してくれたのが、スエッツ社です。その頃は、Swets & Zeitlinger社と称していました。もともとは1900年代はじめに開業したオランダの書店なのですが、学術雑誌の代理店として世界中の図書館に雑誌を届けていました。日本スエッツ社ができて、日本の図書館もその恩恵を長く受けることになりました。

まず、注文雑誌をすべてスエッツ社に集め、そこで検品して納品書を作成、毎週段ボール箱に詰めて納品書とともに送ってきます。雑誌が1冊ずつ郵送されてくる方法ではないのです。1冊ずつバラバラに郵送されてくるから、どこかに紛れてしまったり、袋が破れて中身が失くなってしまったりするのです。そして、スエッツ社では欠号・未着がわかった時点で自動的にクレームを代行してくれるため、図書館側ではクレーム作業がほとんど要らないのです。定期的に全体のリストも送ってくれます。

さらにコストも安いのです。日本の雑誌と違い、「個人価格」と「団体価格」があり図書館は団体価格で高い上、日本から購読契約する場合「外国価格」なので更に高く、また、以前は「極東価格」といって日本は定価よりさらに高かったこともありました。けれどスエッツ社の場合、オランダでの価格なので「国内価格」となり、手数料を何パーセントか上乗せされても安かったのです。ただ、為替の影響はもろに受けました。為替の乱高下に一喜一憂したこともありました。ちなみにオランダは当初、ギルダーという通貨でした。

いったん雑誌がオランダに集められるため、週刊誌などはちょっと到着が遅いのですが、それまでも遅かったのですから気になりません。私は早速、1985年から外国雑誌の代理店を全面的にスエッツ社に変更しました。

多い時には外国雑誌だけで年間1000万円以上支払っていたこともあります。けれど時代が変わりました。電子ジャーナルの台頭で冊子、つまりプリント版の外国雑誌が減ったことなどで、スエッツ社は2014年9月、突然破産してしまいます。その時の衝撃は今でも忘れられません。全世界の図書館が衝撃を受けたと思います。

3▾4　オンライン文献検索

さて1988年より、自前でオンライン文献検索を開始。モデムもまだ遅く1200bpsの時代、検索方法に精通していないと、料金がどれだけかかってしまうかわからないし、検索結果がまったく見当違いだったら、利用者から料金を支払ってもらうこともむずかしいので、あちこちのデータベース講習会や検索研修会などに行きました。情報科学技術協会INFOSTAでは、検索技術者の認定試験を始めました。そこで、何か目標がないとと思い、それを目指して勉強し1989年晴れてデータベース検索技術者認定試験、いわゆるサーチャー試験2級に合格しました。1級はとてもむずかしかったので、一度もチャレンジしていません。ともかく、これでなんとかオンライン検索の実務をこなしていくことになります。なかなか厳しいことでした。

利用者の要望・意図を汲み、それに合った文献リストを出さなければなりません。プレッシャーはけっこうありました。専門的な内容についてもある程度知らなければなりません。コマンドを使って検索式を立て、途中までパソコンに登録しておきます。自動的に検索させ、その後、検索結果の件数により絞り込むか広げるかを決めます。その方法も考えておきます。そしてちょうどよい件数になったところでリストを打ち出します。おかげさまでなんとか、コストも抑えて喜ばれるリストを提供することができました。

使っていたデータベースはMEDLINEがほとんどでしたが、BRSというデータベース作成機関のものを契約していたので、さまざまなデータベースを利用することができました。JOIS、ジョイス（JICST On-line Information System）も利用していました。日本語の文献検索はJOISというJDreamの前身のデータベースだったのです。その当時のオンラインデータベースに関してはこちらを参照してください[4]。ある意味、この時代はさまざまなデータベースが利用できて、いい面もありました。MEDLINEだけでなくEMBASEというヨーロッパ系のデータベースも使いましたし、図書館情報学のデータベースLISAも使いました。その他にもテーマに合わせてデータベースを選べたのです。今はインターネットとはいえ、データベースをあれこれ契約することは高額なのでむずかしいのです。

また、当時ILL申込の際に雑誌の所在（どの図書館がその雑誌を所蔵しているか）を調査するのは全部手作業で、いわゆる『雑誌総合目録』や『現行医学雑誌所在目録』を調べるしかなかったのですが、1996年にNACSIS - IRというデータベースで、雑誌や本の所在を検索することがJOISを通してできるようになりました。

その頃、この「サーチャー」という職業がもてはやされました。特に企業では、オンラインのデータベースを駆使し、的確な情報を得ることが社運を左右したのです。サーチャー募集の記事があちこちに掲載されていて、製薬会社もそうでした。転職しようかしら、とちょっとだけ思ったこともあります。しなくてよかった、と後で思いましたが。『サーチャーの時代』(5)という本が出版され、書店に注文しました。けれど、書店さんからは、『サッチャーの時代』なんて本はない、と断られたことをなぜか思い出します。大笑いしました。

このころはまだ病院の医師の数も少なく、個々にサービスが行き渡っていた時期かもしれません。ある日のDaily Reportには、3月末に退職する3人の医師にそれぞれ別々の本をプレゼントしていたことが記載されています。ある医師には"*Heinemann Medical Dictionary*"という医学英英辞典、ある医師には『科学英語論文のすべて』、そしてもう一人には『科学者のための英文手紙の書き方』。

親機関である川崎製鉄の中に、川鉄技術情報室がありました。その後、「川鉄テクノリサーチ」という子会社になりました。そこでは専門のデータベースを、何人もいるスタッフ、サーチャーがガンガン使っていました。コストを気にせず、羨ましい思いで眺めていました。MEDLINEも利用できる状態だったし、そこの責任者であった西山さんも協力してくれそうではありましたが、テーマが違います。主題が違う、あちらは「鉄」、こちらは「医学」。代行検索を依頼するのは諦めました。サーチャー試験2級合格の認定証授与式に出かけた時、偶然にも西山さんにお会いしました。彼は1級合格だったのです。

いわゆるパソコン通信の時代、個人的に通信を楽しむ人が増えてきましたね。ニフティーサーブ（Nifty Serve）では、いろいろなグループができてシスオペという電子掲示板の管理人がいました。

図書室のパソコンでは、もちろんこのパソコン通信が可能だったわけですが、夜中に医師が自分で海外のCompuServeへアクセスし文献を検索したか何かで、KDDIから多額の接続料の請求が届き発覚したことがあります。ビックリしました。その頃は国際電話をするとかなりの高額です。それと同額だったわけです。

パソコンが使えるようになったことで、それまで冊子で購読していた、雑誌の目次ばかり集めた *Current Contents*（いわゆるカレコン）の2タイトル、*Clinical Medicine* と *Life Sciences* を冊子体から、Current Contents on Diskette に変えました。つまりFD（フロッピーディスク）版です。毎週、フロッピーディスクがそれぞれ3枚も4枚も送られてきます。それをパソコンのハードディスクに毎週入れて貯めるのです。けっこう面倒な作業でした。そのうち、図書室のパソコンではなく、医局のパソコンに入れてほしいという要望に応え、医局に毎週行って入れていました。いつしか、そのＦＤ版はＣＤ-ＲＯＭ版になり、毎週何枚ものＣＤ-ＲＯＭが送られてくるようになりましたっけ。要らなくなった大量のＣＤ-ＲＯＭをクリスマスツリーに飾っている、海外の図書館の写真をどこかで見たのを覚えています。

3▾5　リレーショナル・データベース「桐」を使って

１９９０年になり、なんとかパソコンを図書館業務に利用できないかと考えます。図書館管理ソフトなどがまだ一般的ではない時代、小規模の図書室ではあれこれ知恵を絞ります。パソコンのリレーショナル・データベースソフト「桐（きり）」を利用して、図書室の業務を少しでも機械化したいと思うようになります。

「桐」は管理工学研究所が開発しているデータベース管理システムで１９８６年初版リリース、１９９１年には日経ＢＰ社の「読者が選ぶベストソフト賞」を受賞したそうです。当時ＭＳ-ＤＯＳ版でした。ウインドウズへの対応が遅れたことがあって、使い続けられませんでした。

それまでタイプライターで打っていた図書カードを「桐」で印刷できましたし、さまざまなリストを作成しプリントできるようになりました。ほとんど自由自在だったのです。その頃、図書館管理システムを導入できない小規模の図書室では「桐」以外には、「DBaseⅢ」というソフトが有名でした。

ここで、手作業の図書館管理から現在の図書館管理システム「情報館」を導入するまでの長い道のりを短く書きますと、左のとおりです。

目録カード（手書き→英文・和文タイプライター）→MS‐DOSで、リレーショナル・データベースソフト「桐」→マッキントッシュで、ファイルメーカープロ→ウインドウズで、エクセル→独自開発システム「JLIX」→ブレインテック「情報館」

「桐」の時代に入力したデータは、ずーっと引き継がれ、「情報館」にきちんと入っています。もちろん、古いものはずいぶん除籍しましたが。

3▼6　CD‐ROMの台頭

パソコンの勢いは止まらず、CD‐ROMが重宝されるようになります。ソニーの音楽用C

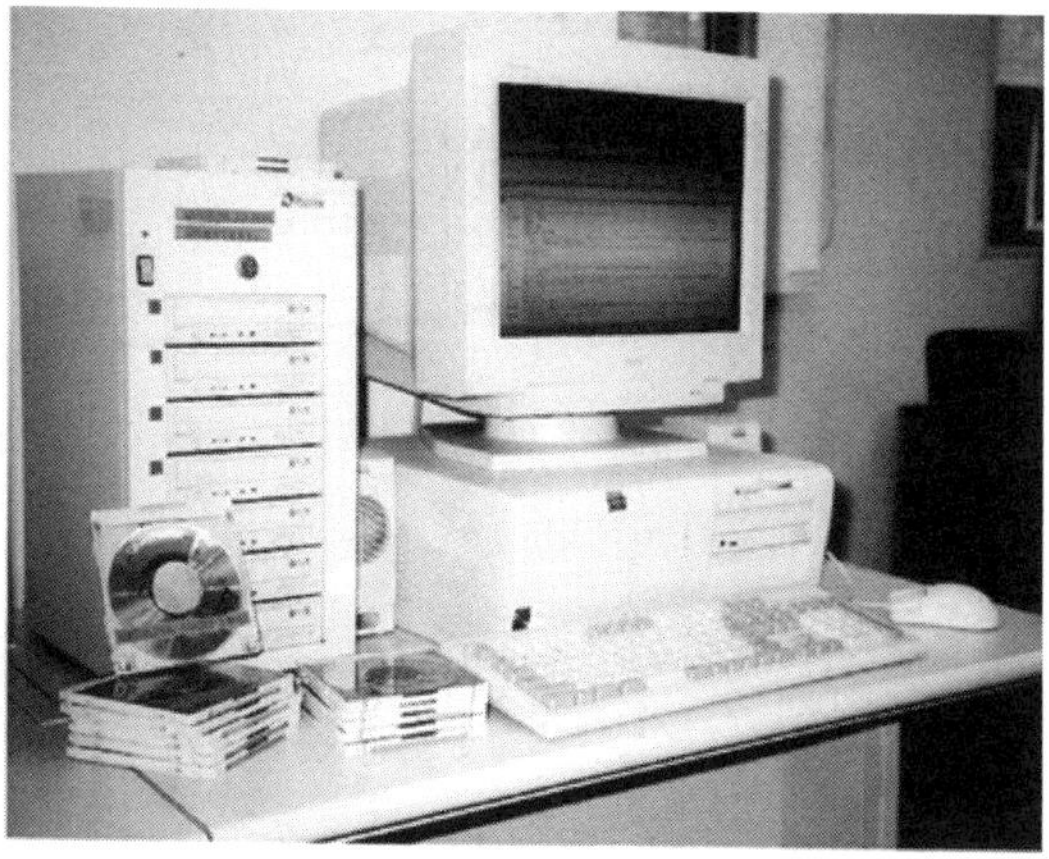

写真 3-1　MEDLINE EXPRESS CD-ROM、医学中央雑誌 CD-ROM 導入

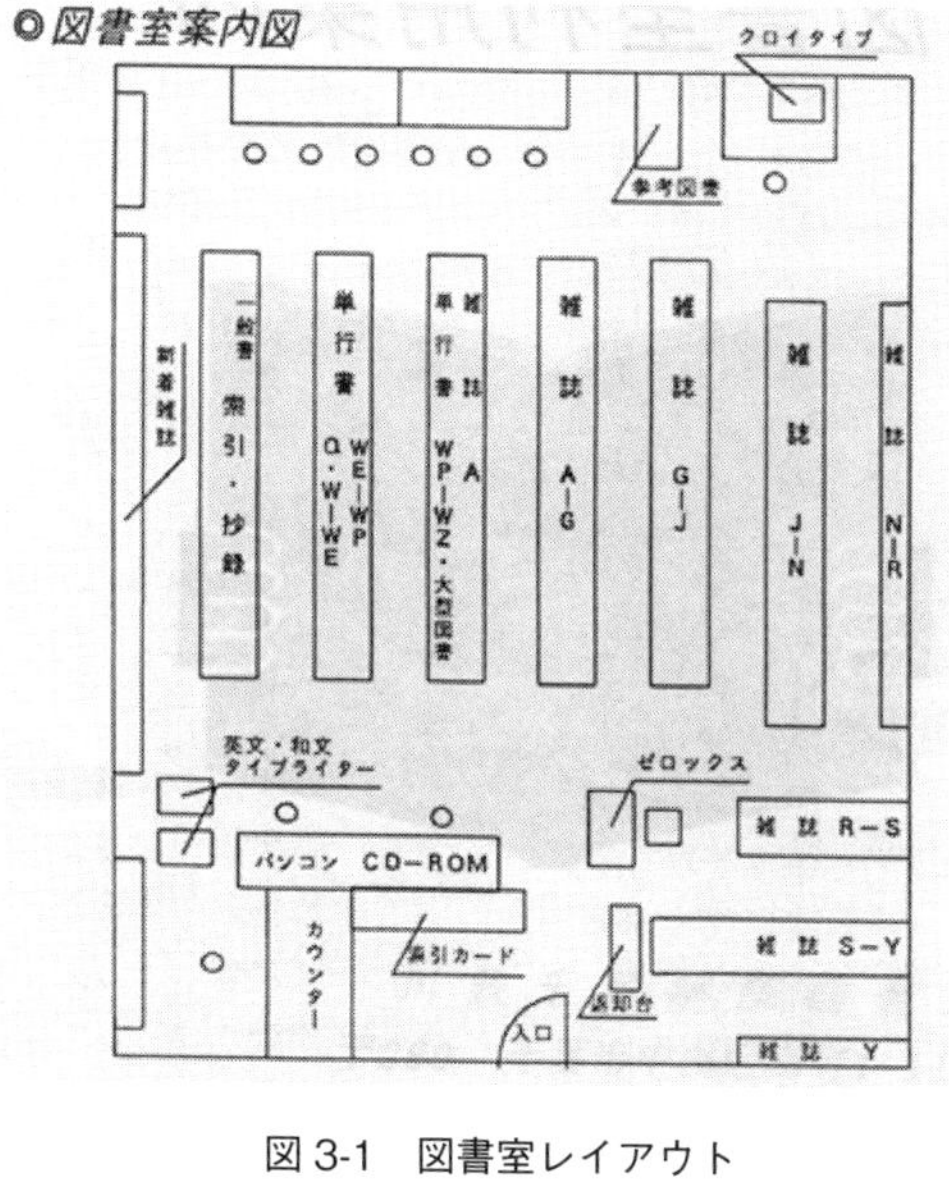

図 3-1　図書室レイアウト

Dが開発の大元だったそうです。1992年には念願のMEDLINEをCD‐ROMで動かすパソコンを導入します。CD‐ROMが何枚も入るようになっていて、同時に検索できるのです（写真3‐1）。

この頃になると、CD‐ROM版のデータベースが増えます。オンラインに比べ、価格が固定しているので、予算が取りやすい、何回利用しても同じ価格ということは、1回の検索あたりのコストがどんどん下るということです。また、いわゆるエンドユーザサーチが可能になりました。そして、病院図書室での導入が急激に増えました（6）。

その頃の図書室レイアウトです（図3‐1）。

2階の医局からは少し離れ、1階のちょっと奥まった作業療法室の前に図書室がありました。最初の図書室が約40㎡でしたが、引っ越しして82㎡になりましたので、約2倍の広さになりました。リハビリテーション科にいちばん近いこともあり、理学療法士や作業療法士の利用が増えました。リハビリテーション科の患者さんたちのクリスマスパーティなどに呼ばれたこともありましたっけ。作業療法室にはその当時、オルガンほどもある大型ワープロ専用機がリハビリ用に置いてありました。なんともともとは500万円もしたワープロだったそうです。

図書室はといえば、床がピータイルだったこともあり、寒い冬エアコンが効かず、コートを着て仕事をしたいと思うほどだったのです。特に休み明けの月曜日、利用者も「寒い寒い」と言ってすぐにいなくなってしまう…。あちこち相談して、使っていない足温器を当直室からもらってきて足元に置きました。また、その当時の近藤明子看護部長が、使っていない電気ストーブを持ってきてくれたのには涙涙、でした。

3▼7　研修会の開催

1992年のことですが、当院で初めて研修会を開催することになりました。前にも書きましたが、病院図書室研究会（病図研・現日本病院ライブラリー協会）という全国規模の会の研修会です。この会にはその当時、約150名の会員が所属していました。新しく川鉄研修所ができたのでその大教室を使い、また併設されている宿泊施設も利用できたのです。1泊1000円という安さでした。私も一緒に泊まりました。特別講演は大西名誉院長にお願いし、「メディアとしての言葉：特に癌・死について」という演題でわかりやすいお話でした(7)。もちろん図書室も見学してもらい、懇親会も川鉄の施設「みやざき倶楽部」で開催しました。通常は東京で研修会を開催しており、東京を離れて千葉で開催したのははじめてでしたが、参加者は病院だけでなく大学図書館からもあり、院内も含めて55名、盛会となりました。

研究会の事務局のような仕事をこなしたのは初めてで、参加者名簿を作成、地図を描いたり、申込の受付・変更、発表者との連絡、会場整備、スケジュール調整等なんでも一人で目が回る忙しさでしたが、会場を担当する側の気持ちを身にしみて感じたものでした。参加者はほとんど同じような小さな図書室で働く者どうしなので、誰もが協力的で心から応援してくれました。大西名誉院長も友澤事務部長も、院内のその他のスタッフもいろいろと協力してくれて、とても楽しい研修会でした。

研修会などにはほかにもいろいろ参加していましたが、特に1990年から3年間、日本医学図書館協会の関東地区会と病図研との共催で、「病院図書室職員養成セミナー」が東京大学医学図書館で開催されました。私は第2回に「資料の選択・利用・管理」、第3回には「病院図書室の管理・運営」[8]というタイトルで講義させていただきました。そろそろ私もベテラン、ときどきこのような依頼が来るようになりましたが、できるだけ応えるようにしています。今までたくさんの仲間に教えてもらったこと、その恩返しです。今もその気持ちは変わりません。

また、日本病院会の中にその当時図書室部会があり、全国的な活動をしていました。私も関わっていたことがありますが、日本病院会では1991年、日本で初めて『病院機能標準化マニュアル』[9]を出版しています。その中の「図書サービス」の項目案を私たち図書室部会のメンバーが作成しました。数値を入れることができなかったことがちょっと残念ではありまし

たが、内容は、
1. 理念と目的
2. 組織と管理・運営
3. 職員
4. 施設
5. 協力体制
6. 教育と研修
となっています。その当時としては画期的だったと思います。その後、これが医療機能評価機構の病院機能評価に発展していったのでは、と思っています。

第4章 インターネットの衝撃

4▼1 パソコンでスライド作成の日々

1995年、2度めの引っ越しが始まりました。といっても仮住まいです。その時の図書室はできてから約11年でそれほど古い建物ではなかったのですが、その増築部分は2階建てでした。病院内が手狭になり、2階建てを7階建てに建て替えることになったのです。いったん壊し、また同じ場所に建てるということで時間もかかります。図書室はその間、2階の増築した医局内に間借りすることになりました。

医局内図書室はかなり狭く、スペースは20㎡くらいだったでしょうか。私の机とパソコンが数台、新着雑誌と、単行書用の書架が医局の奥の棚2列のみ。雑誌のバックナンバーである製本雑誌は、ほとんど置けません。医局内図書室に置くことのできないほとんどのものを、仮に保管するため、最初の予定では病院の建物の隣にプレハブを建てるという案がありましたが、費用が嵩むので急遽変更、親機関である川崎製鉄の、もう使われていない独身寮1階を借りることになりました。

必要なときにはその元独身寮に、取りに行くのです。コピーしたい、閲覧したいという利用者とともに二人で、必ず昼間に車で行きます。電気も水道もない無人の建物なのです。私が同行できなくて一人で行った利用者もいましたが、薄暗くて男性でもコワイくらいだったとか。元々食堂として使っていたという、わりあい広々としたスペースに書架をたくさん並べ、利用できるようにきちんと配架だけはしました。必要な本を持ってきて、次に必要なときに前のものを戻す、ということを約2年間繰り返していました。

その医局内図書室では、ほとんど受付業務の日々といってもよいくらいでした。医局の秘書さんは一人きりで、いつも飛び回っていてほとんど席にはいないのです。電話番と来室者の応対。MRさん（Medical Representative の略。製薬会社の営業部門の医療情報担当者で、医薬品の情報を医療関係者に提供する）の応対。この当時胃カメラの検査をしたとき、なんと出血の跡がたくさんありました。ストレスが重なった跡か、検査してくれた医師は、「これは早く医局から離してあげないと…」と言ってくれましたが。

ちょうどその頃、インターネットが始まった時期でもありました。ウインドウズは1995年からでしたけれど病院にはまだなく、MS-DOS時代。図書室には、図書費を削ってアッ

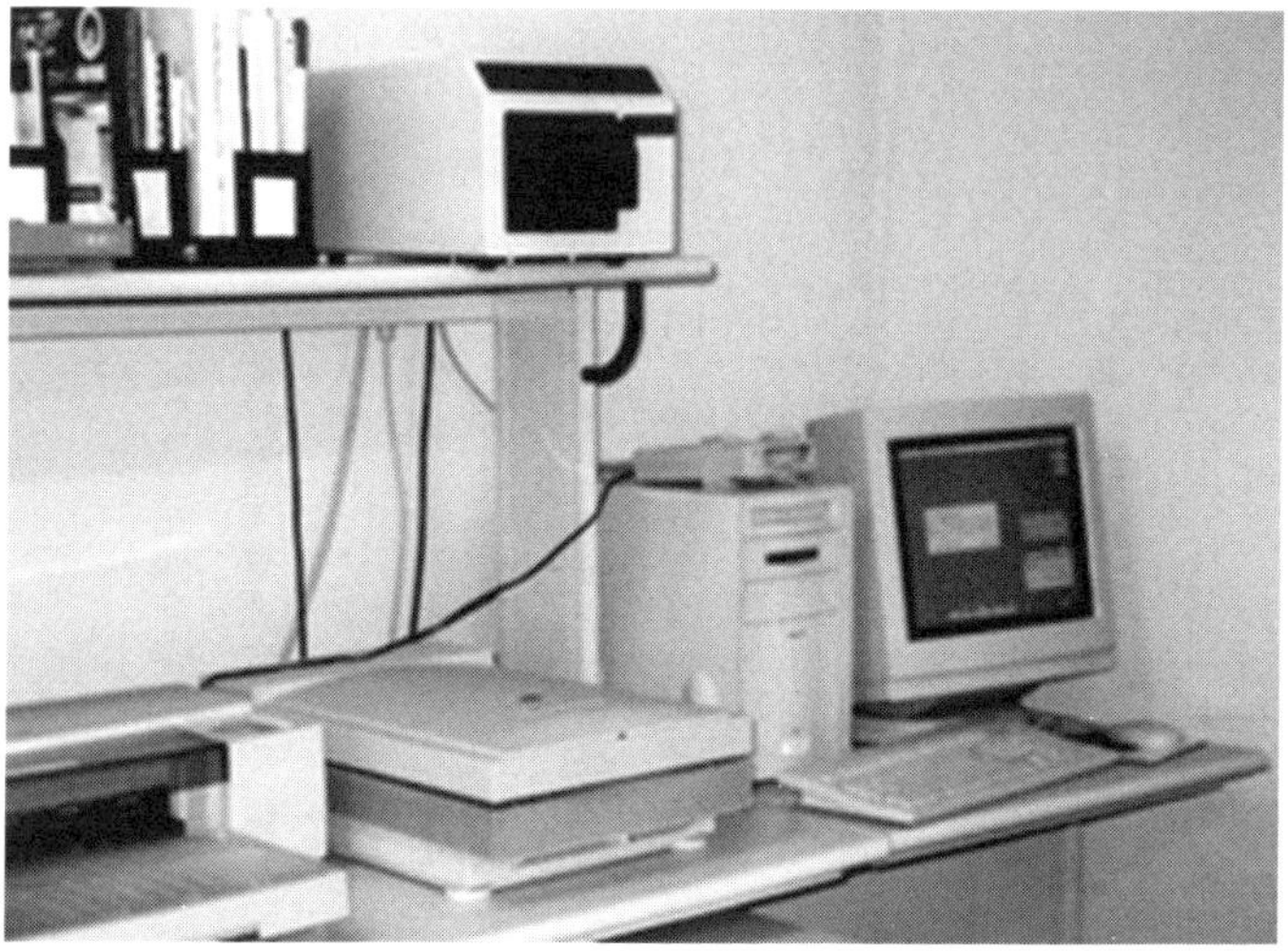

写真 4-1　当時の Mac と周辺機器

プルのマッキントッシュを入れてもらいました。２００万円くらいしたと思います。医師のほとんどはＭａｃを利用していたのです。私自身、もともとＭａｃ派だったこともあります。学会発表用のスライドは、ＭａｃのAldus Persuasion（パーシュエイジョン）というソフトで作成。今の、誰でも作れるパワーポイントとはほど遠く、なかなかむずかしかったので、学会シーズンはほとんど医師のためのスライド作成に明け暮れていました。写真などを取り込むためにスキャナーもつなぎました。それもＸ線写真などの透過式も兼用のスキャナーでした。写真４‐１はその時のものです。

　プレゼン用のプロジェクターはまだ手に入らない時代だったので、画面上でスライドを作成した後、それを1枚1枚アウトプットします。Macに接続したカメラの付いた装置、フィルムレコーダーにスライド用フィルムをセットし、1枚1枚「パシャ、パシャ」と落とすのです。そしてそのフィルムを写真屋さんに持って行き現像してスライドにマウントしてもらう、という手間がかかりました。そのため、学会発表の前日にはファイルができていなければなりません。当時、『MACLIFE』という雑誌を愛読していましたっけ。

これ以前の手作業のスライドは、ブルースライドといって、青い地の色に白抜きでした。原稿を作成（手書きもあり、タイプもあり、クロイタイプと呼ばれた大きなダイモテープのようなものもあり、ともかく白黒）して、暗室にこもって専門家が作成していました。当院では、病理部門の臨床検査技師がこれをやっていたので、一緒に暗室に入り、教えてもらったことは第2章でも触れました。結局一人でできるところまではいかず…。これを外注すると、スライド10枚で5万円以上かかったとか。

医局内に間借りしていた頃、よくS医師のスライドを作成していました。文献も多数取り寄せ、学会発表、論文発表の準備を手伝っていました。その医師はもうずい分前に当院を退職し近隣の病院に勤務していますが、未だにパワーポイントスライドの背景は青で、その頃の私の作ったブルースライドの色合いを使っているよ、という情報を最近聞きました。なんだか懐かしいです。

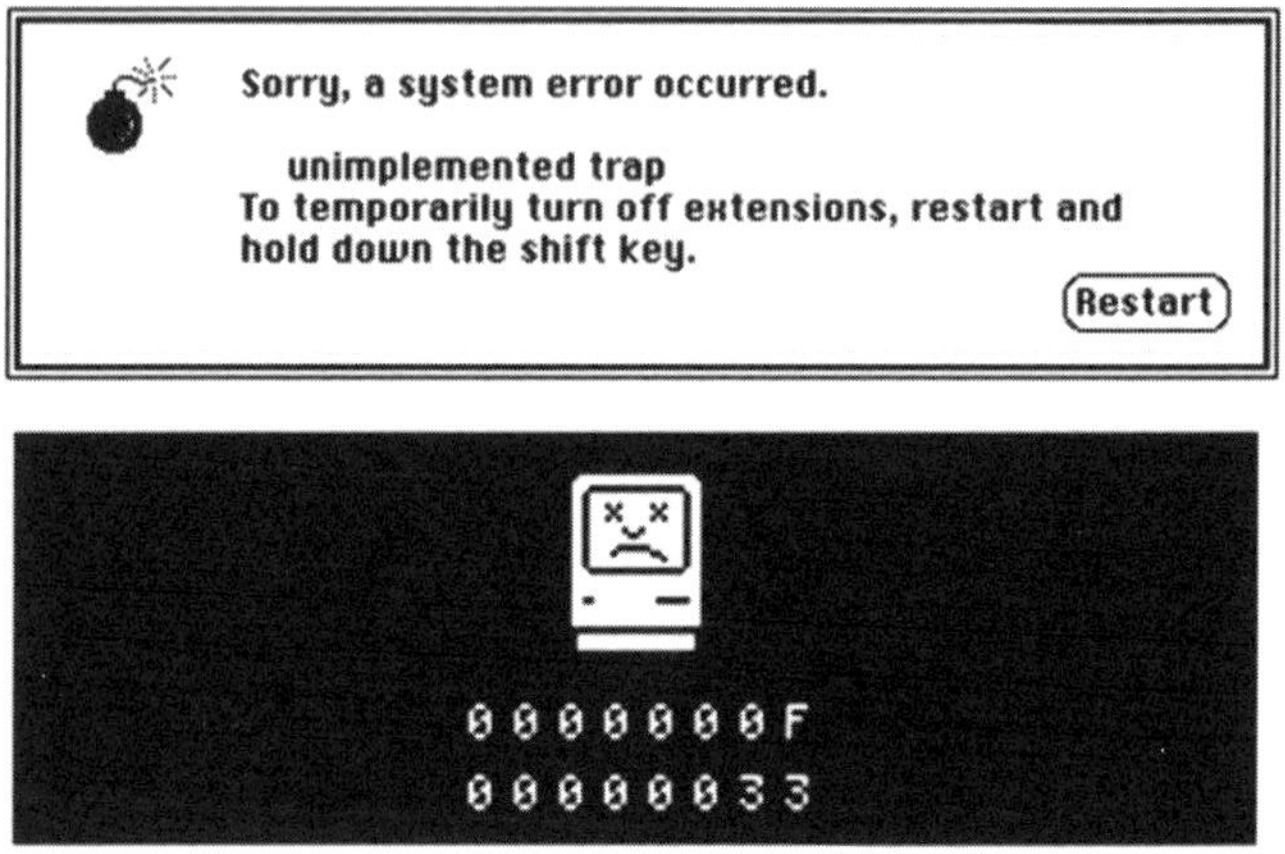

図 4-1　Mac 爆弾と SadMac

よくＭａｃが壊れていました。学会シーズンは1日24時間スライド作成に使われていましたが、よくわからなくなってあちこちいじり回し、結局動かなくなってそのまま朝に。朝、出勤するとＭａｃが動かない、画面がヘン、こんなことがしょっちゅう。ある医師が近づいてきて、「僕がやったんじゃないよ」などと言うのです。「昨夜はいったい誰が犯人か?」などと思いながら、あれこれいじってどうにか元に戻せればラッキーなのですが。システムフォルダをそっくり元に戻すというようなアラワザもしましたので、常にバックアップは必須でした。Ｍａｃは機嫌が悪いと爆弾マークが画面に出現してフリーズしてしまうのです（図4-1）。

ブルースライドしかなかった時代に、颯爽と登場したカラースライドでしたので、この爆弾マークにもめげず、医師やコ・メディカルは徹夜でスライド作成に明け暮れていました。その頃は、赤や青、緑、黄色とカラフルに色を変えてある、目がチカチカするようなプレゼンも多かったと思います。ご多分に漏れず最初は私も、チラシのようなスライドを作っていました。その後、徐々にシンプルなスライドに移行していきます。

4▾2　誰でもどこでもインターネット？

それはインターネットが普及し始めた頃でした。１９９４年自宅で初めてインターネットにつながり、ＮＡＳＡのホームページやルーブル美術館のホームページを見ることができて興奮気味だったことを覚えています。ホワイトハウスのホームページに少し遅れて、総理官邸ホームページもできましたっけ。１９９５年4月のある日、「インターネットへのお誘い」と称して、パーティを自宅で開催しました。友人の司書たちを招いたのですが、狭い自宅に15人ほども集まり、たいへんな騒ぎとなりましたっけ。

１９９５年12月25日のクリスマス、図書室のＭａｃで苦労してインターネットに接続しました。数日後には、ある雑誌の新しい号の論文のページなどを知りたいとの医師からの問合せに、インターネットを利用してその出版社（Springer 社でした）のページにアクセス、無事応えることができたことは感激でした。今では当たり前のことですね。

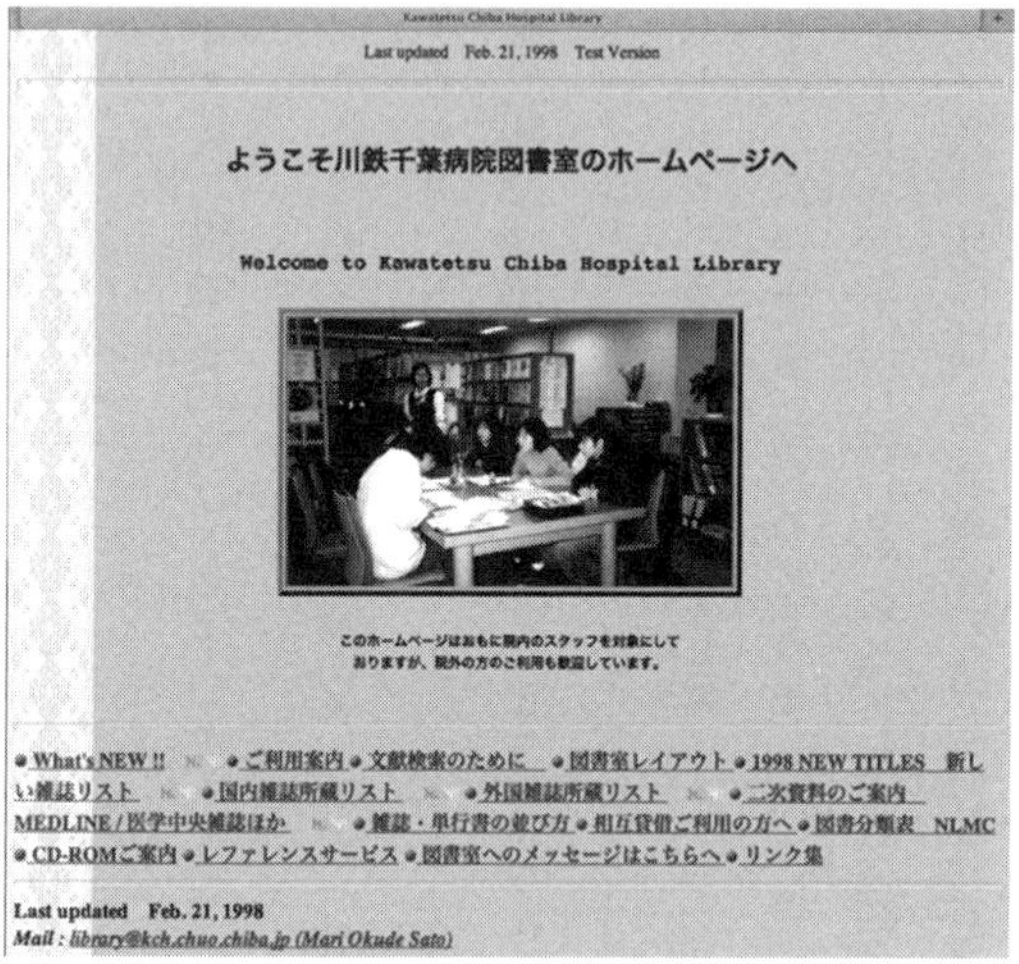

図 4-2　最初の図書室ホームページ

当時はブラウザが Netscape だったので、フォントや表示のされ方がちょっと違いました。これは当時の HTML ファイルを今のブラウザ Safari で開けたものです。

1996年2月、初めてホームページを作成しました。最初は、所属していた病院図書室研究会(病図研)のホームページを担当し、作成したのが始まりです。ちょうど、病図研の20周年記念式典が聖路加国際病院で開催される予定で、私自身司会を担当し、プログラム作成の準備などにも気合いが入っていました。そのホームページは今と比較したら簡単なHTMLを書くものでしたが、画期的だったのです(1)。影響を受けたのは、前年に初めて公開されたMIS（医学情報サービス研究大会）第13回大会のホームページです。ちょうど同じ頃、電子メールも利用開始しました。

その後、図書室のホームページも作成

しました（図４‐２）。もちろん病院の中では最初です。みんなに見せびらかしていました。インターネットが何であるのかよくわからない時代だったので、興味を持って見てくれる人もたくさんいました。けれど、「インターネットなんて、いったい何に使うの？」とよく言われたものです。確かに国内のホームページは「工事中」のページばかりで、内容に乏しかったのです。

すでに世界中で利用されていた有料文献検索データベースであるＭＥＤＬＩＮＥの無料化に踏み切った１９９７年６月26日、当時のゴア副大統領が記者会見で「これまで我々が長年やってきたどのようなことよりこれでアメリカの医療の質は大きく改革、改善される。私は本当にそう信じている」と発言し、自らＭＥＤＬＩＮＥを検索したのです（２）。このコメントは私たち医療系図書館員仲間では有名です。当時はＦｒｅｅ ＭＥＤＬＩＮＥと呼ばれいくつものＭＥＤＬＩＮＥがあり、ＰｕｂＭｅｄはその一つでした。

１９９９年頃のＰｕｂＭｅｄのホームページデザインはこんなものだったのですね（図４‐３）。

本当のところインターネットはまだほとんどよくわからない世界でしたが、その可能性に、わくわくドキドキしたものです。全世界に情報を発信できる、全世界からの情報を無料で得ることができる、それは、弱小の病院図書室にとって、きっときっと明るい未来になる、そう期待できたのです。これで情報格差がなくなる。大学図書館のような大きな図書館でも病院図書室のような小さな図書室でも、無料で等しく情報を入手できるようになるかもしれない。そして患者さんと医療者との情報格差もなくなるかもしれない。誰でもどこでもインターネット、それはそれは素晴らしい明るい世の中が待っている…。

しかし、必要な情報を入手するためには「すべて無料」ということはなく、この期待はその後見事に裏切られますが、それでもインターネットの威力には圧倒されたものでした。

4▼3 相互貸借ＩＬＬの変遷

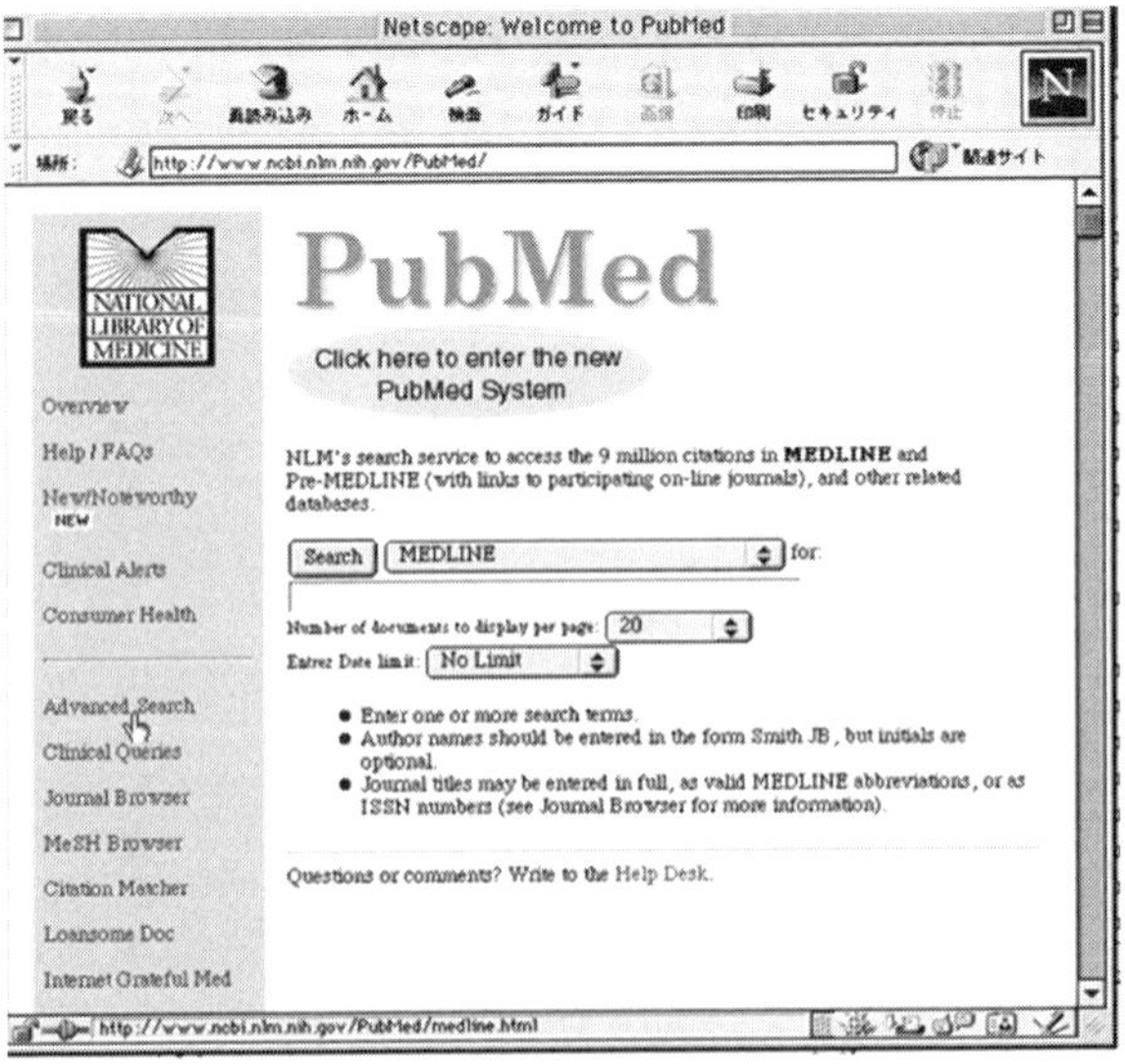

図 4-3　PubMed　1999 年頃のホームページ

ＩＬＬ業務に関してはたびたび書いてきましたが、ここでもう少し説明しましょう。

実はそれまで、大学や病院の医師は慣例のように文献検索、文献コピーの入手、スライドの作成その他を製薬会社のＭＲさんのサービスに多くを依存してきたのです。私の勤務する小さな図書室へも製薬会社のプロパーさん（ＭＲという名称は当時まだありませんでした）が、文献を探しにやってきていました。たびたび来室する方に1か月間に当院の医師から依頼されてどのくらい文献を集めるか聞いたことがありましたが、なんと彼一人で100件は下らないとのこと、ビックリしたのを覚えています。ほかにも何人もプロパーさんが来院していたのですから。

それがいくつかの新聞報道をきっかけとして(3)(4)(5)、1993年、多くの製薬企業が加盟する「医療用医薬品製造業公正取引協議会（公取協）」が定めるサービス提供の制限を超えるとの理由で、自粛が行われました。その結果、病院図書室では文献検索の端末機やＣＤ－ＲＯＭ検索などがどんどん導入されたこと、これはメリットだったのですが、反面、ＩＬＬ業務が急増し病院図書室側も戸惑い、それに応える大学図書館側も戸惑っていました(6)。つまり、ほとんど一人勤務の病院図書室で、それまでＩＬＬを実施していなかった図書室もあったわけで、急に始めたり、件数が大量な上、よくわからないまま書誌事項の確認ができずに大学図書館に申し込んだり、申込方法のルールもわかっていなかったり、などなど。大学図書館側も対処に苦労したのです。病院図書室はＪＭＬＡ（日本医学図書館協会）に加盟していないからとの理由で、ＩＬＬ、文献複写を断られることさえありました。

学会発表のためのスライド作成に関しても、病院内で作成することが一般的にも増加したのでした。

川鉄千葉病院図書室でもスライド作成とともにＩＬＬ業務が増加していました。毎日一人で何件も文献を依頼しにくる医師もあり、一日中ＩＬＬ業務をしても終わらないようなこともありました。しかし当院では、ＩＬＬはすべて私用、コストはほとんど利用者個人のポケットマネーで支払われていますので、ＭＲさんにタダで依頼していた件数１か月に何百件も、ということはありませんでした。

１９９５年には、オンライン検索のＪＯＩＳでＮＡＣＳＩＳ‐ＩＲが利用できるようになり、文献の所在の調査がオンラインで可能にもなってきたことは前章でも触れました。ＭＥＤＬＩＮＥに付随してＳＥＲＬＩＮＥというＣＤ-ＲＯＭもあり、雑誌そのものの書誌を調べることもできるようになってきました。つまり、雑誌名があやふやだったりして困ることはよくあることで、そういった調査に使っていました。雑誌の正式名称や略誌名、ＩＳＳＮ（International Standard Serial Number 国際標準逐次刊行物番号）、出版社情報、刊行頻度などがわかりました。今でいうＰｕｂＭｅｄの最初の画面からリンクしている“Journals in NCBI Databases”で、

表4-1　ILL 相互貸借件数推移（抜粋）

年度	1978	1980	1990	2000	2010	2014
ILL 借	56	164	168	480	176	127
ILL 貸	18	63	328	360	721	526

NLM Catalog : Journals referenced in the NCBI Databases ですね。

それでもその頃はまだ、ＩＬＬはＦＡＸでの申し込みでした。

表４‐１は、ＩＬＬ件数の推移を抜粋したものです。年によってバラツキが大きいのですが、「借」でいちばん件数が多かったのは２００１年度の５８８件でした。雑誌も含め蔵書的には充実してきた時期でしたが、利用が増えていました。「貸」では２００５年度の７７２件でした。

インターネットがだんだん当たり前のように利用される時代になり、これをなんとかＩＬＬに活かしたいという思いはあったと思います。１９９７年には医療研修推進財団への働きかけによって、ＶＭＬ（Virtual Medical Library）というプロジェクトが実を結びました(7)。関東中心の病院図書室研究会と関西地区中心の近畿病院図書室協議会（病図協）との共同事業として始まりました。それは、インターネットホームページ上で雑誌名の検索、所蔵館の調査ができ、そこから文献複写の依頼をすると、相手館にメールで知らせるというものでした。約40病院が参加していました。しかし、参加している病院間だけの利用でしたし、なかなかそれ以上に発展しませんでした。いずれはＮＡＣＳＩＳ‐ＩＬＬにドッキングすると信じていたのですが。図

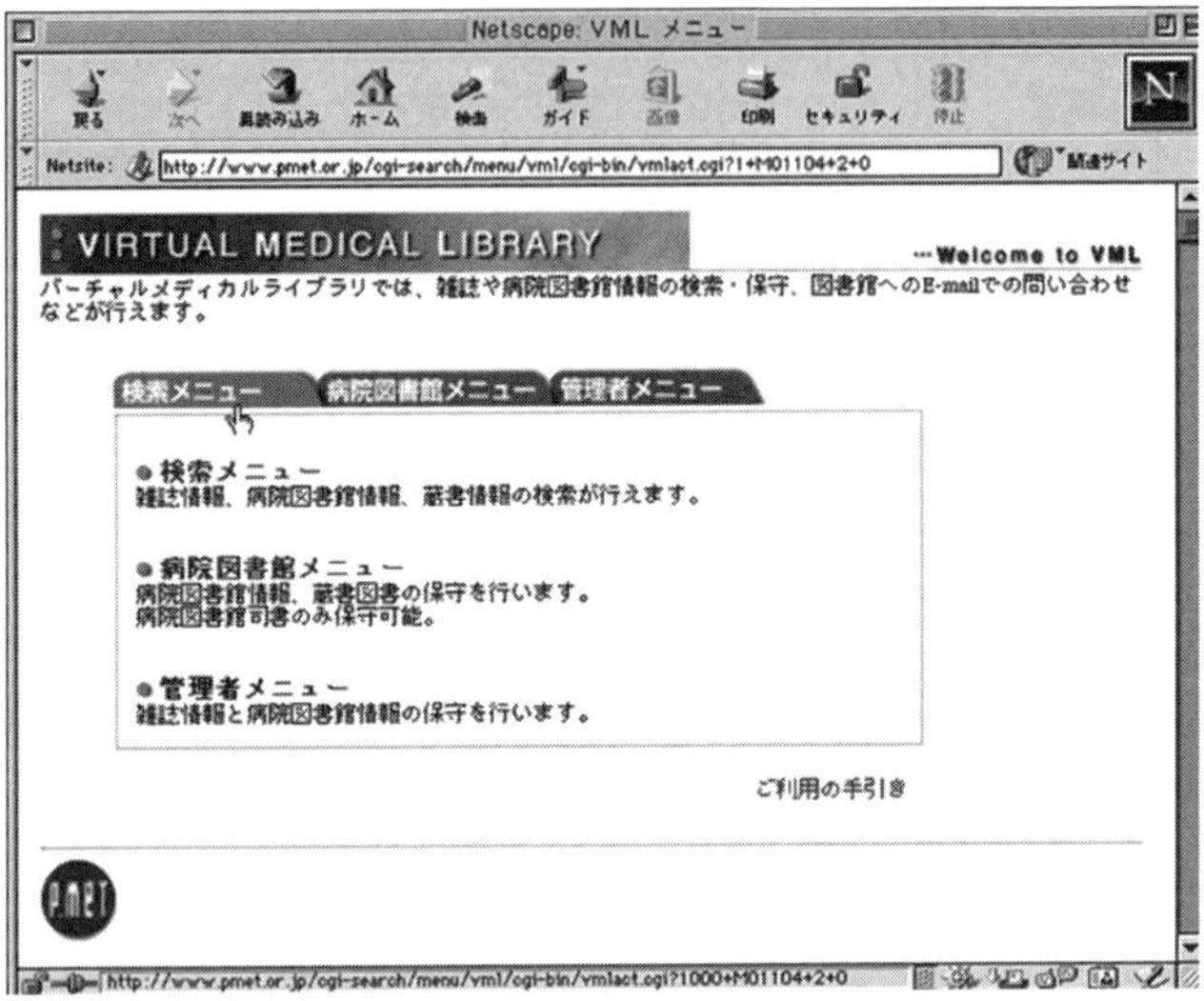

図 4-4　Virtual Medical Library 画面

４・４は当時のメニュー画面です。

ＮＡＣＳＩＳ‐ＣＡＴ（ナクシス・キャット）、ＮＡＣＳＩＳ‐ＩＬＬ（ナクシス・アイエルエル）はＮＩＩ（国立情報学研究所）の目録所在情報サービスです(8)。もともと１９８０年代中頃に文部省学術情報センターによって、大学や研究機関等の図書館が参加し、蔵書を公開して情報の共有と利用、流通を図ろうと始まったものでした。川鉄千葉病院図書室では、２００１年からＷｅｂＵＩＰというシステムで雑誌登録を開始、ＮＡＣＳＩＳで所蔵を公開していました。けれどＮＡＣＳＩＳ‐ＩＬＬに参加できたのは２００８年10月、ＮＡＣＳＩＳ‐ＩＬＬの料金相殺を開始したのは２００９年７月でした。ようやく病院図書室も参加できるようになり、今ではＩＬＬ業務にはなくてはならないものになっています。

ＮＡＣＳＩＳ‐ＩＬＬの参加機関は２０１６年3月現在１１１３機関、ＩＬＬ依頼件数は約67万件、ピーク時の２００５年には、約１１９万９０００件を超えていました(9)。小さな川鉄千葉病院図書室でも２００５年のＩＬＬ（貸）はピークでした。その後、徐々に電子ジャーナルが普及し、無料でアクセスできるオープンアクセスや機関リポジトリなども増加していきます。これについては、次章でお話しましょう。

また、文献複写サービスの提供をするドキュメントサプライヤーについても触れる必要があるでしょう。医中誌Ｗｅｂを提供している医学中央雑誌刊行会では、古くから文献複写サービスをしていました(10)。ＩＬＬ業務が増えすぎて間に合わないときには、まとめてオーダーしたこともあります。

また、ＪＳＴ科学技術振興機構（当時、ＪＩＣＳＴ、日本科学技術情報センター）も長い間文献複写サービスを提供してきましたが、２０１６年に終了しました(11)。データベースＪＤｒｅａｍⅢが２０１２年ジー・サーチ社に移管されたことで、複写サービスも移行しました(12)。

ＩＭＩＣ国際医学情報センターでも文献複写サービスを提供しています(13)。

さて、医局内図書室には結局2年間近くいました。スライド作成とＩＬＬに追いまくられ、

写真 4-2　引っ越し中の筆者

写真 4-3　移転直後

インターネットに一喜一憂していた頃でした。新しい図書室に向けてレイアウト案や備品申請など着々と進めていましたが、なかなか思うようにはなりません。それでも当時は広くなることは確実だったので、いい時代でした。ようやく1997年3月、新図書室の完成です。

またまた引っ越し。相当数を除籍・廃棄したにもかかわらず、約1000箱の段ボール箱となりました（写真4-2）。引越業者が図書館に慣れていないこともあって、書架に均等に配架することができず、移転後にほとんどの本をずらしていく必要があって、たいへんなことでした。この時も準備段階から友人の小川まゆみさんに非常勤として来てもらいました。

まだ引っ越ししたばかりで殺風景ですが、図書館家具もようやく入れてもらえて、ここが「終の棲家」になると思っていました（写真4-3）。少しずつ必要なものを揃えていきました。実はもう1回、17年後ではありますが2014年、病院ごと引っ越しすることになるとは夢にも思いませんでした。

第5章 電子ジャーナルの時代へ

5▼1 親機関の変遷

病院図書室のような専門図書館は、企業や団体などの組織を親機関と呼び、その機関の業務の支援機能として図書館が設けられます。したがって、親機関の構成員に役立つ情報を提供するために設置されることになります。もともと私が入職した当初の病院は、川崎製鉄株式会社の健康保険組合立で、「川崎製鉄健康保険組合千葉病院」と称し、「川鉄千葉病院」と略し、「川鉄病院」と周辺住民から親しまれていました。川鉄の職員や家族だけでなく、一般の方誰でもかかれる病院です。図書室も正式には「川崎製鉄健康保険組合千葉病院図書室」であり、「川鉄千葉病院図書室」と略して呼ばれていました。

最初図書室利用者のほとんどは医師でしたが、だんだん看護師や薬剤師などのコ・メディカルスタッフ、そして事務系職員も含めた病院全体の職員の利用と広がってきました。

前章で引っ越しが終わり、備品も揃えていわゆる図書館らしい病院図書室となりました。久々に雑誌も増やすことができました。２階の医局から少し離れて1階のリハビリテーション科の奥の場所を占め、最初は利用者数が減ったかと思われましたが、すぐに回復し落ち着いて利用できるとコ・メディカルにも評判となりました。いちばん近いリハビリテーション科のスタッフたちには毎日利用してもらいました。平日と土曜日は夜８時まで開館、夜間と日曜日は、職員であれば誰でもカギを借りて24時間利用可能となりました。

少し落ち着いたところで、日本医学図書館協会（ＪＭＬＡ）へ入会しました(1)。長年の病院図書室としての夢でもありました。日本医学図書館協会は長い歴史のなかでようやく１９９４年、その加盟基準を見直し、図書館の規模にかかわらず入会を認めるようになったのです。私としても病院図書館としての自負はずっと以前からありましたが、目に見える形としても図書館らしくなったところでアピールしたいと思い、当時の事務部長にかけあって加盟を申請することにしました。

日本医学図書館協会の加盟館は当時まだ、医学・薬学系の大学図書館がほとんどではありましたが、病院図書館に対してもウェルカムでした。同じ医療系情報を扱う仲間として、図書館の規模に関係なく情報を共有できました。全国の医科大学及び医学部から学生が卒業して医師となり、全国の病院に勤務するわけですから、卒後は関係ないとはいえないでしょう。

私にはそこでまた、新たな出会いと新たな広がりができます。それは、まず入会したことによる義務として2000年に回ってきたのですが、第7回JMLA基礎研修会の実行委員を担当したことでした。

大学の図書館員たちと委員会を組織し運営し、何か月も準備し研修会を実施することにより、彼らと親しく話すことができました。当時のメンバーは、帝京大学の多田一男氏、茨城県立医療大学の前島武氏、女子栄養大学の小川禮子氏、埼玉県立がんセンターの成田俊行氏、そして私でした。病院図書館員の成田さん以外はほとんど初対面。何度も委員会で集まり、その場所も持ち回りでした。お互いの職場を知ることもできました。はじめて研修会の資料を冊子としてテキストを発行することもできました。私自身も講師としてお話させていただきました(2)。その基礎研修会も盛会に終わり、反省会でもある最後の委員会は川鉄千葉病院で開催、その後には打ち上げもし、その年末には忘年会もしました。

これが後に、JMLAが現在も版を重ね刊行を続けている、『図解PubMedの使い方』(3)の最初の発行に私が関わることに繋がります。この時の実行委員長の多田さんが、当時JMLAの出版委員会の委員を担当しており、PubMedのマニュアル刊行を計画していました。私がこの基礎研修会で「図書館で使えるおすすめウェブ紹介」をした中で特にPubMedを取り上げ、テキストの中で「付録」としてPubMedガイドを7ページにわたって書きました。一方、東京慈恵会医科大学の阿部信一氏も「文献検索」の講師として、テキストにPubMedについて14ページにわたって記載していたのです。たまたまPubMedの解説が重複したわけですがそれが多田さんの目に止まり、阿部さんと私に、PubMedについてのマニュアル本を書かないかとの依頼が舞い込みました。２００１年2月に初めての打ち合わせをし、多田さんの強力な推進力により、『図解PubMedの使い方：インターネットで医学文献を探す』初版が7月末完成します。

『図解PubMedの使い方』についてはまた、次章でお話します。

そしてもう一つ、引っ越し後のこの頃、個人的に飛躍の年となります。大学時代司書課程でお世話になり、川鉄千葉病院への就職でお世話になった今まど子先生が、中央大学に大学院を設置したので、いちど見に来ないかという話が舞い込みます。軽い気持ちで今先生に久しぶりにご挨拶をと思い出かけていったのですが、その当日、大学院の授業を見学することになります。たった二人だけの大学院生（小山憲司氏と鈴木守氏）の授業でした。充実した授業を拝見し、先生がとても歓迎してくださって、大学院入試の過去問までいただき、あれよあれよという間に受験することになりました。時間がなかったので、ただもう１９９７年の暮れと翌年のお正月にひたすら英語を勉強したことしか覚えていません。英語以外の科目は図書館学だけだったのです。図書館学の方は筆記試験で、いくらでも書き続けられました。答案用紙の裏まで書き続けてしまいました。現役司書の強みですね。さらに面接試験では、自分の研究課題について資料を作成し、面接官の先生方に配布してプレゼンさせていただきました。ともかく無事合格、入学することになりました。仕事をしながらの楽しくもたいへんな大学院生活については次章で述べますが、これは病院図書室の司書としても私自身個人的にも、飛躍できたことだったと思います。

職場の理解があったと一言でいいますが、一緒に仕事をしていた小川まゆみさんに励まされました。上手くいかなければ退職、ということもありえたのです。ある意味川鉄時代、良き時代だったと思います。けれど支えてくれた同級生の小川さんは、残念なことに1998年5月に退職し、その後任は派遣社員となりました。二人目の派遣社員だった唐木美保子さんは、私との相性もよく病院雇用の非常勤職員となり、1999年2月から約3年半、がんばってくれました。唐木さんとは今でも年賀状のやりとりが続いています。

大学院で勉強しながらも、本来の業務だけでなく、病院図書室研究会と近畿病院図書室協議会との共同事業である、すでに前述したVMLやインターネット・プロジェクト（病院図書館員のためのウェブページ・フォリオ“folio”（4））に参加、JMLAでも上記のように基礎研修会の実行委員を担当、活動の場が広がりました。

１９９９年2月、ちょっとした事件がありました。図書室内パソコンのエクセル（Excel）がウイルス感染してしまったのです。まだウイルス対策は何もせず無防備だった時代でした。どのように気がついたのか今では忘れてしまいましたが、「ＸＭラルー（XM. Laroux）」というウイルスでした。びっくりして事務部長とシステム課に連絡、院内すべてのパソコンをチェックしたところ、医局はじめ他の部署でも何か所も感染していました。最初に発見した図書室が感染源だと思われて、とても憤慨したことを覚えています。

その後の２０００年問題は大騒ぎしていましたが何事もなく、無事過ぎました。

さて、川崎製鉄が日本鋼管（ＮＫＫ）と経営統合しＪＦＥホールディングスとなったのが２００２年のことです。この統合に伴い、病院も変わりました。「川崎製鉄健康保険組合川鉄千葉病院」が、「ＪＦＥ健康保険組合川鉄千葉病院」と名称も変更になりましたが、略称は「川鉄千葉病院」と同じにし、「川鉄」の文字を残したのです。図書室の略称も「川鉄千葉病院図書室」で、変わることはありませんでした。

病院も病院職員もそれほどこの変化を感じていませんでしたが、図書室の資料費に関していえば、削減するようにとの圧力がだんだんかかってきたように感じていました。すでに大学図書館などでは外国雑誌の高騰などもあって、毎年雑誌中止の検討を余儀なくされていた時代でした。当院はこれまで恵まれており、追い風に乗って年間図書資料費は増加を続けていました。2001年では年間1650万円ほどにもなりました。しかし、親機関の経営統合もあり、削減を余儀なくされ2004年には年間1330万円ほどに下がりました。

非常勤職員の唐木さんが都合により2001年末に退職し、その後任は入れてもらえず、完全に私の一人勤務、バックアップもない状況となりましたが、それも仕方のない時代だったのかもしれません。サービスの質を落としてもよい、とまで言われてしまいました。このように常に親機関の経営状態が反映されます。

しかしその後また徐々に復活し図書資料費は増加し、2012年には年間1761万円と最高額となりました。2011年10月、「JFE健康保険組合川鉄千葉病院」が「医療法人社団誠馨会千葉メディカルセンター」に事業継承しました。経営母体がまったく変わってしまったことにより、今回はさらに大幅な削減を余儀なくされます。2013年には年間1123万円と、約640万円（36・2パーセント）も減ってしまいました。これでも粘り強い図書室運営委員会での話し合いがあったのです。多くの外国雑誌のキャンセルに関連しては、ここでは書くことができないような厳しい状況もありました。

2011年9月30日、川鉄千葉病院の職員は全員退職し、新たに10月1日、千葉メディカルセンターに全員入職しました。今回は、まったく違う病院になったのです。
このような状況の中で急速に変化していく医学・医療に対応していく病院、さらにその中の日々変化する重要な情報を扱う「ブレイン」として、病院図書館はどのように進化していくべきか問われていきます。

５▼２　文献検索から電子ジャーナルへリンク

そんな背景の中ここでは話を一転して、病院図書館の中で最も重要なサービスの一つとしての「文献検索」を取り上げます。その実際を「医中誌Ｗｅｂ」Ver.５を使って具体的にご紹介しましょう。

「医中誌Ｗｅｂ」とは、ＮＰＯ法人医学中央雑誌刊行会(5)が作成する国内医学文献のインターネット検索サービスで、医学・歯学・薬学・看護学及び関連分野の雑誌約６０００誌から収録した約１０００万件の論文情報を検索できます。ＰｕｂＭｅｄとは違い有料です。医学中央雑誌刊行会では、現在では「網羅的な収集」を基本方針に据え、論文情報を収集しているとのことです。

「医中誌Ｗｅｂ」は大学・病院・企業などの法人向けのサービスで、個人ユーザー向けには、「医

図 5-1　医中誌 Web 画面

図 5-2　「高血圧」と入力し検索

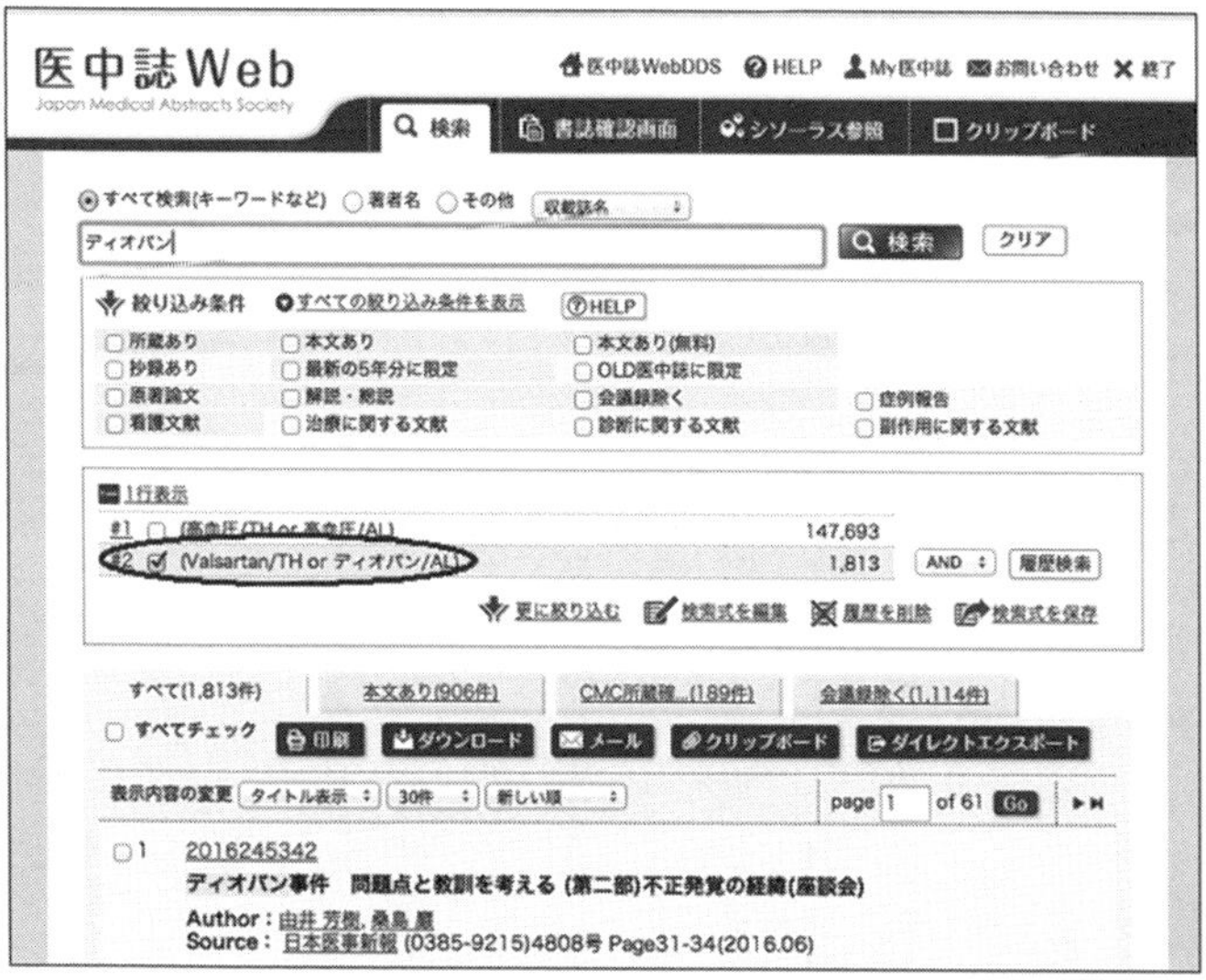

図 5-3 「ディオバン」を検索

中誌パーソナルＷｅｂ」が用意されています。ここでは、病院で利用している「医中誌Ｗｅｂ」の例を紹介します。

例えば、高血圧について検索してみましょう。「医中誌Ｗｅｂ」にログイン後の画面は図５‐１のようになります。

検索ボックスに「高血圧」と入力し「検索」をクリックします。すると図５‐２のような画面となり、件数が瞬時に表示されます。ここでは１４万７６９３件となりました。これはサーチエンジンのGoogleとは違い、雑誌の論文数を表しています。画面の下を見ていきますと、論文のリストが新しい順に表示されます。

次に、高血圧の薬として一時話題になった「ディオバン事件」の「ディオバン」と

図 5-4 「高血圧」と「ディオバン」を掛け合わせる

入力してみます。すると、２番目の検索として、「#2 Valsartan/TH or ディオバン/AL」と自動的に表示されます。Valsartan（バルサルタン）とは「ディオバン」という薬の一般名です。自動的に両方の言葉を検索しています（図５-３）。

さらに、「高血圧」と「ディオバン」を掛けあわせるには、「#1」と「#2」にチェックし、「履歴検索」をクリックすると、「#1 and #2」と表示され、件数が１１７６件となりました（図５-４）。

このように件数を絞っていきます。これは簡単な一例で検索方法はほかにもいろいろありますし、機能も充実しています。

文献リストを見てみますと、図５-５のように、いろいろなアイコンが付いています。「ＣＨＩＢＡ ＭＣ所蔵確認」のアイコンは、千葉メディカルセンター図書室で所蔵している論文だということを示しています。このアイコン「

」をクリックしてもその論文の全文は出てきませんが、雑誌（この場合は、『医薬ジャーナル』、『薬局』、そして『調剤と情報』という雑誌）の図書室の所蔵状況がわかるようになっています。

その他に、契約していれば、「メディカルオンラインＰＤＦダウンロード」

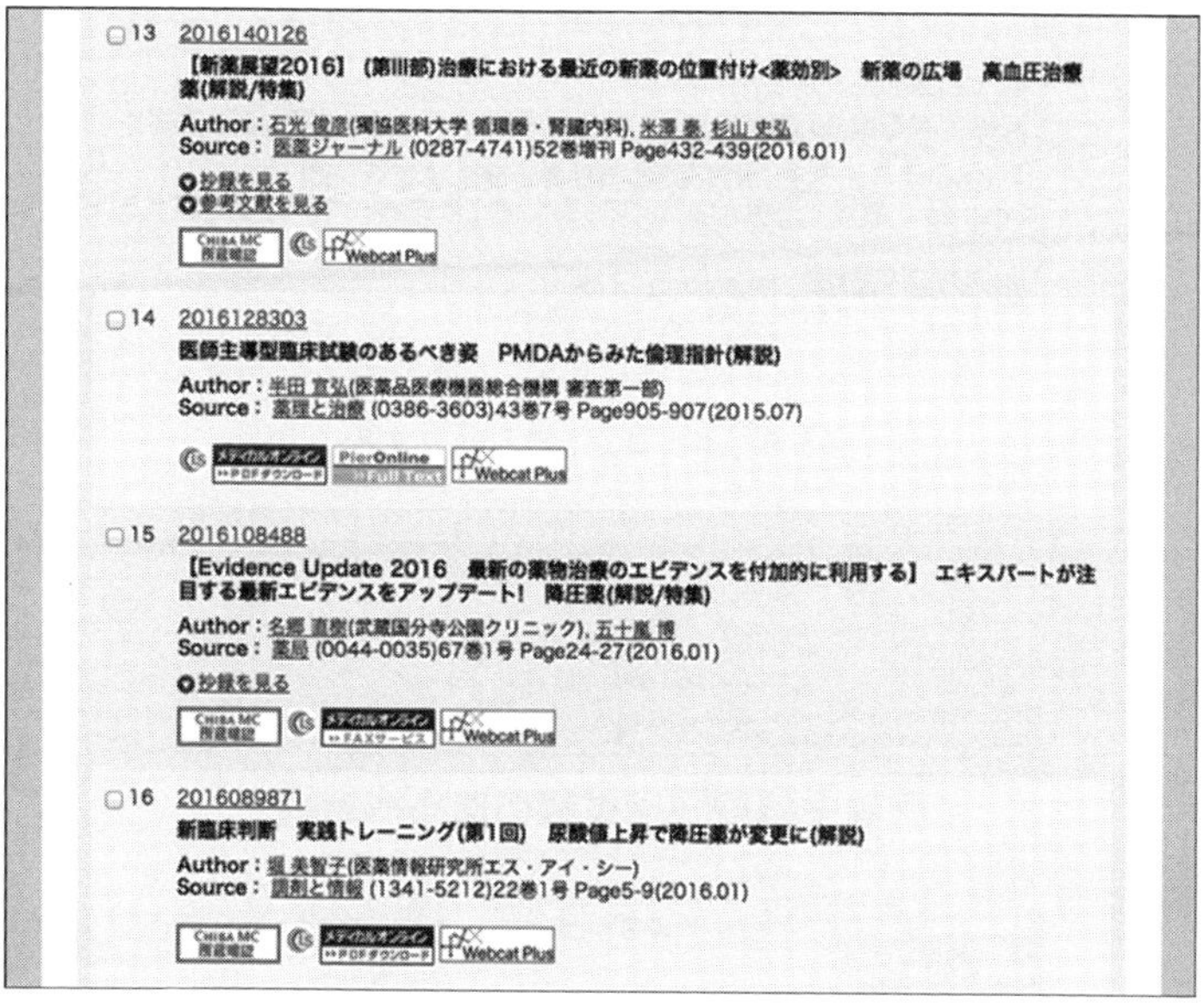

図5-5　アイコンいろいろ

等のアイコンをクリックすると、全文をPDFファイルで閲覧することができます。それぞれのアイコンの詳しい説明は省略します。

ここではリストの中で一つ、アイコンをクリックしてみます。図5-6の14番目の文献のアイコン、「メディカルオンラインPDFダウンロード「メディカルオンライン PDFダウンロード」」をクリックしてみます。すると、次の図5-7のように、PDFファイルで全文を読むことができます。これが電子ジャーナルです。

このようにアイコンをクリックし、全文にアクセスできるものが増えています。

さて、ここでもう一つ文献を見てみ

図 5-6　アイコンをクリックする

Jpn Pharmacol Ther（薬理と治療）vol. 43　no. 7　2015

Symposium　J-CLEAR発足5周年記念シンポジウム　記録

医師主導型臨床試験のあるべき姿

～PMDAからみた倫理指針～

半田宣弘（独立行政法人 医薬品医療機器総合機構審査第一部）

2015年4月1日,「人を対象とする医学系研究に関する倫理指針」[1)] が施行された。同指針は,「疫学研究に関する倫理指針」と「臨床研究に関する倫理指針」を統合したもので，治験以外の臨床研究を適用対象とする。どのような経緯で統合され，どのように変わったのか，また本来，医師主導型臨床試験のあるべき姿はどのようなものか解説する。なお，本講演は医薬品医療機器総合機構（PMDA）の公式見解ではなく，演者の個人的見解である。

ディオバン事件の問題点を受けて厚生労働省が動いた

高血圧症治療薬ディオバンについて5大学で行われた市販後臨床試験のうち，利益相反，データ改ざんなどの問題により4大学の論文が撤回された。撤回前の論文は高血圧治療ガイドラインにも引用され，事実と異なる結論が医療現場に広く周知された結果，高血圧治療にあたる医師の処方行動に大きな影響が出た。また日本の臨床研究に対する信頼が損なわれたことは，今後の日本発の医薬品・医療機器の開発に大きな影響をもたらすと危惧されている。

始するにあたり運営委員会，安全委員会，エンドポイント委員会が設置されたが，議事録がみあたらないため開催が確認できなかった。4）イベント登録の基準が統一されていなかった。5）統計解析担当者が独立した機関ではなく，利害関係者であり，データクリーニング，運営委員会，およびエンドポイント委員会に深く関わっていた。6）事後に試験の結果を検証しようとしたところイベント報告用紙が保存されていなかった。

また，厚生労働省の高血圧症治療薬の臨床研究事案に関する検討委員会は，ディオバンに係る臨床研

図 5-7　論文の全文電子ジャーナルを読む

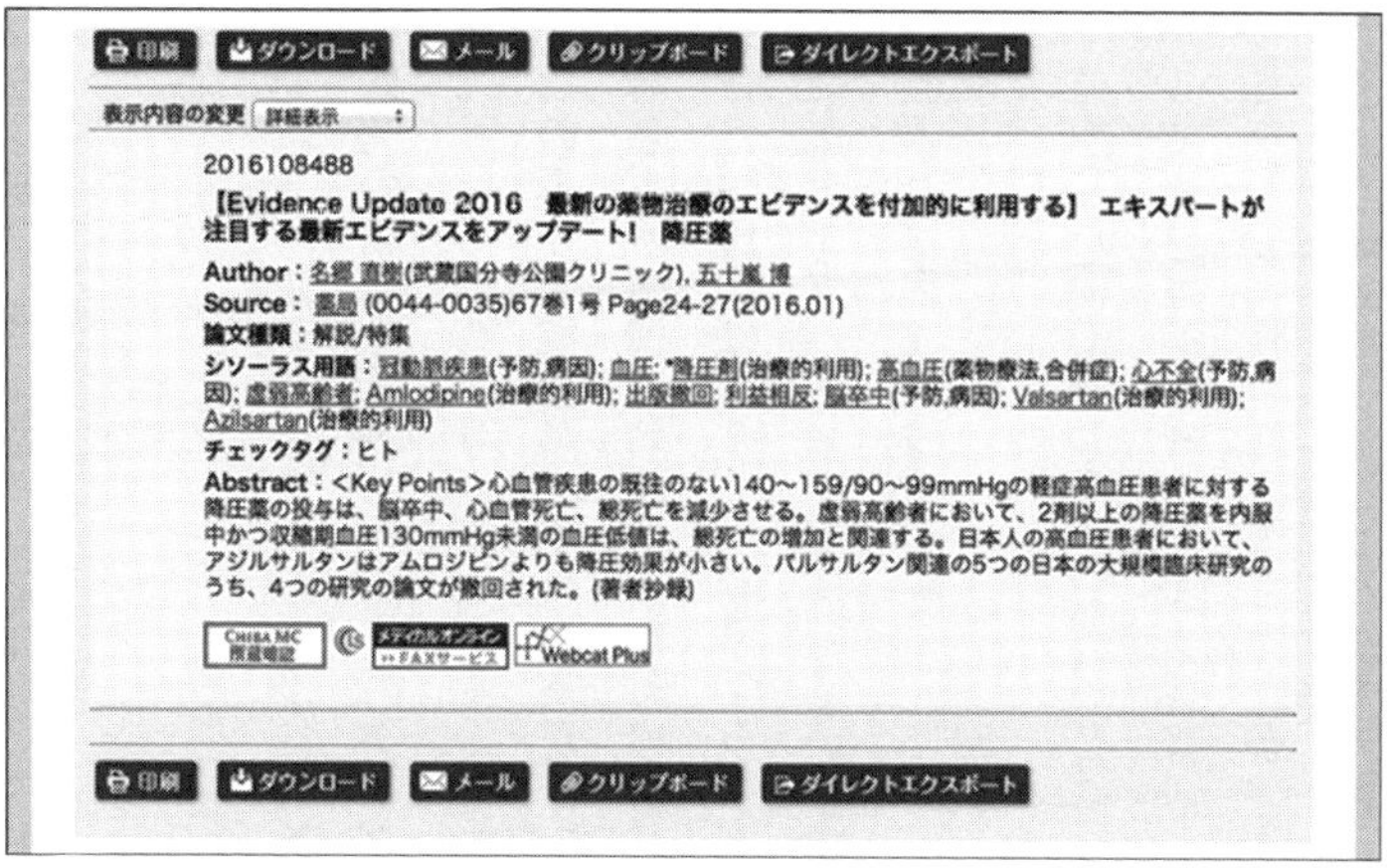

図5-8　文献の詳細表示

ましょう。15番目の文献の「2016108488」をクリックします。この数字は、文献番号です。すると上記の図5-8のように、その文献の詳しい情報が表示されます。

【Evidence Update 2016　最新の薬物治療のエビデンスを付加的に利用する】のように【　】に入っている部分は特集号のタイトルです。そして続けて、「エキスパートが注目する最新エビデンスをアップデート!　降圧薬」

とあるのは、論文のタイトル、論題となります。

「Author」は著者名（所属）、「Source」は、雑誌名（ISSN：International Standard Serial Number）、巻数号数ページ（出版年月）です。その他にもいくつかデータがあります。

「Abstract」（抄録）として、論文の内容が要約されています。その中には、「バルサルタン関連の5

つの日本の大規模臨床研究のうち、４つの研究の論文が撤回された。」とあり、「ディオバン事件」について言及されていることがわかります。

「ディオバン事件」とは、高血圧の治療薬であるディオバン（一般名バルサルタン）の臨床研究にノバルティスファーマー社の社員が統計解析者として関与した利益相反問題、そして臨床研究の結果を発表した論文のデータに問題があったとして一連の論文が撤回された事件のことです。５つの大学が関わり、一時ニュース等で大きく取り上げられて話題になりました。

このように疾患名や薬の名称だけでなく、さまざまなキーワードを検索することができます。著者名、所属機関名などからも検索可能です。検索方法も機能も充実しています。ここで取り上げた「医中誌Ｗｅｂ」以外にもジー・サーチが提供している「ＪＤｒｅａｍⅢ」でも医学関連の文献データベースが充実していますし、医学に限らなければほかにもたくさんのデータベースが利用されています。

前述した検索例の中で、ＰＤＦファイルの論文を紹介しましたが、これがいわゆる電子ジャーナルです。電子ジャーナル自体はインターネット以前からＣＤ‐ＲＯＭに収録するなど、さまざまな形で実験されてきましたが、本格的には、インターネットが利用されるようになってから普及しました。電子ブックも台頭してきましたが、いずれにせよコストがかかり、病院図書室では、必要であっても多くを契約できない状況が続いています。

5▼3　リンクリゾルバ

もうひとつ、前述した文献検索例の図の中で、「」のアイコンが全部の文献に付いていたことにお気づきでしょうか。これは、Full Text Finderという「リンクリゾルバ」のアイコンです。ここをクリックするとフルテキスト、全文の電子ジャーナルにアクセスできるかどうかがわかるようになっています。

「リンクリゾルバ」とは、文献データベースの検索結果から、その図書館で全文が利用できる文献へリンクしてくれるツールです。また、「リンクリゾルバ」のインターネットホームページからは、必要な雑誌名や分野を検索し、そこから全文アクセスできる文献へリンクしてくれます。

病院の親機関が変わって、図書室の資料費はかなり抑えられましたが、それとは別に、これからは電子ジャーナルの時代、これを避けて通ることはできないことをアピールしてきました。その甲斐あってか、リンクリゾルバを２０１３年、導入することになりました。まだまだ契約しているデータベースや電子ジャーナルは多くはないけれど、インターネット上で無料で読める文献も増えてきていますので、これらにリンクできればすべて当院図書室の蔵書といえなくもありません。格段に利用が増えるのです。インターネット上で無料で公開されているかどうかは、Googleなどで調べてもなかなかわからない場合もありますので、重要なツールです。

電子資料は「中毒」と言われています。リンクして全文が読める、ということになると便利で便利で今さら雑誌をめくって探すことなどできなくなってしまいます。それをいいことに、多くの出版社は毎年電子資料を値上げします。図書館はどんなに高額になっても「中毒」ですから、なかなか止められないのです。予算は膨れ上がり、ほかの予算を圧迫していきます。大規模の大学図書館では、電子資料に億単位のコストを使い、その反面、一般的な医学の教科書が改版しても買えない、よくあるコアな医学雑誌のプリント版を買えない、という事態になっています。この件は新聞でも取り上げられたこともあります(6)。病院図書館も小さいながらも大学図書館の二の舞いか、と思うことがあります。

出版社のコストの高い電子ジャーナル、それに反してオープンアクセス（無料）の文献も増加しています。オープンアクセスにもいろいろなパターンがありますが、「機関リポジトリ」といって、大学などの機関が発行している学術雑誌をインターネット上で無料公開しているケースも増えています。

5▾4　ようやく図書館システム導入

大学図書館ならもちろん、わりあい小規模な公共図書館でさえも、図書館管理システムを導入しているところが大半です。貸出にバーコードなどを利用しているので、すぐわかりますね。しかし、病院図書館ではそれほど多くはありません。日本病院ライブラリー協会の現況調査報告書２０１５によると、病院98施設中図書館管理ソフトを導入しているのは、独自開発を含めて60施設です。そのうち43施設が「司書アシスト」というMaicrosoft-Accessを使って作成したわりあい簡易なシステムです。小学校や中学校の図書室のように、昔ながらの貸出カードを使っているところもあります。

千葉メディカルセンター図書室でもつい数年前まではそうでした。本や雑誌の蔵書データ自体はパソコンで管理し検索できても、貸出・返却などまではできず予算もつかず、自前のシステムを駆使していました。しかし、そのシステムが動くウインドウズＸＰが使えなくなるというピンチをチャンスにしようと考えました。また、「川鉄千葉病院看護専門学校」が医療法人社団誠馨会の傘下に入り、「千葉中央看護専門学校」となり、校舎も新しく建て替えるチャンスに病院図書室と看護専門学校図書室双方に同じ図書館管理システムを導入して両方の蔵書データを検索できるようにしようと、夢を膨らませました。当時、看護専門学校図書室には、石川道子さんというベテラン司書の方がいらして、私と二人で看護専門学校の「看護文献検索法」の授業も担当していましたので、連携して図書館管理システムの導入に向けてアピールしていきました。

いくつかの既存の図書館管理システムを選び、プレゼンをしてもらい、機能とコストなどを勘案して結果的にブレインテックの「情報館」を導入することになりました。２０１４年暮れの病院引っ越しに合わせ導入し、翌２０１５年１月より稼働しました。４月からは、看護専門学校図書室とのインターネット上のＯＰＡＣでの横断検索も可能になりました。利用者が24時間貸出できる、「セルフ貸出」も使っています。看護専門学校図書室では教員や学生の協力もあり、「セルフ返却」も実施しています。この病院図書室と看護専門学校図書室の横断検索については「情報館」では、はじめての試みだとのことです(7)。

第6章 ホスピタル・ライブラリアンシップ

6▼1 司書とは

よく、司書資格について聞かれます。「資格はどうしたら取れるんですか、どうしたら司書になれるんですか」といった質問です。

基本的なことをおさらいしておきます。司書とは、日本では「図書館法」に規定された文部科学省の資格です。文部科学省のホームページに説明があります(1)。そこには、

【司書になるための資格の取得方法について】

次の三つの方法のうちどれかに該当すれば資格を取得したことになります。

①大学（短大を含む）又は高等専門学校卒業生が司書講習を修了し資格を得る。

②大学（短大を含む）で司書資格取得に必要な科目を履修し卒業を待って資格を得る。

（↓これには通信制・夜間・科目等履修を含みます）
③3年以上司書補としての勤務経験者が司書講習を修了し資格を得る。

とあります。

一方で病院では、医師はじめ、いろいろな免許を持って働くプロフェッショナルの方々が大勢いますが、その方々の免許のように国家試験があるわけではありません。司書資格がなくとも図書館で働くことはできます。そもそもほとんどの病院で働く医師・看護師等の医療系スタッフは厚生労働省管轄、司書は文部科学省管轄、ということになります。

元となる「図書館法」に詳しく規定されており(2)、そこでは「図書館」の定義もあります。定義を読むと、ほとんどの病院図書室は「図書館」ではないということになってしまいます。昭和25年にはじめてできた法律ですし、何度も改正されてはいますが、公共図書館を念頭に作られています。（定義）第二条は次の通りです。

（定義）

第二条　この法律において「図書館」とは、図書、記録その他必要な資料を収集し、整理し、保存して、一般公衆の利用に供し、その教養、調査研究、レクリエーション等に資することを目的とする施設で、地方公共団体、日本赤十字社又は一般社団法人若しくは一般財団法人が設置するもの（学校に附属する図書館又は図書室を除く。）をいう。
2　前項の図書館のうち、地方公共団体の設置する図書館を公立図書館といい、日本赤十字社又は一般社団法人若しくは一般財団法人の設置する図書館を私立図書館という。

この中で、「日本赤十字社又は・・・」という部分では、日本赤十字社の病院図書館のようにハッキリと該当する病院図書館もあります。

病院図書館の法的な側面をまとめたものが、友人でもある佐藤正恵氏の文献の中にあります[3]。「病院図書館関連法等抜粋」とあり、そこには、医療法、医師法第16条の2第1項に規定する臨床研修に関する省令について、図書館法、図書館の設置及び運営上の望ましい基準（文部科学省告示）、がん対策基本法第17条、病院機能評価（Ver.6.01.5.1.3）、病院機能評価（Ver.5.04.15）が並んでいます。

このように病院図書館やそこで働く司書が、法的にがっちりとした枠組みに支えられているわけではなく、ほとんどが少人数、もしくはワンパーソン・ライブラリー、他部署との兼務や有期雇用などもあり、いまだに厳しい状況です。法的に「図書館」ではないという場合は「著作権法」とのからみもあり、問題は複雑です。

「司書」自体、資格を持ってはいても司書として働けるわけではありません。それぞれの機関に採用されて、そこの図書館を任せられてはじめて司書として働けます。ですから、「病院図書館の司書として働くにはどうしたらいいのでしょうか」という熱心な学生からの質問には、答えに窮してしまいます。

ここで「病院機能評価」について少し説明しましょう。病院機能評価とは、日本医療機能評価機構が1996年から始めた国内の病院の運営管理及び提供される医療について、中立的・科学的・専門的に評価しているものです。一定の水準に達した病院は「認定病院」となります。2017年1月現在、全国の8453病院中2184病院が認定を受けています(4)。

日本医療機能評価機構は、日本の『診療ガイドライン』を評価し掲載する「Minds(マインズ)ガイドラインセンター」の公開も行っています。

当院が最初受審したのは、2003年です。図書室に限らず院内どの部署も提出書類の作成に相当な時間を割きました。サーベイヤー(評価調査者)のうちの一人の医師は、前もって当図書室のホームページを閲覧し、ホームページを活用した利用促進、文献検索データベース等の契約状況などを把握しており、実際に審査のため訪問されたとき、きわめて具体的な質問もありとても好意的だったのを覚えています。図書室の評価も良いものでした(5)。

2度目は、2014年です。2度目なので慣れていたこともありましたが、アピールもよかったのか、サーベイヤー全員が最後に再度図書室にみえて、評価も最高のS評価をいただきました。

医療スタッフからの病院図書館への期待は大きく、私自身、できる限りのことをしたい、といつも考えています。調べることが好きというのも司書の性《さが》かもしれません。トコトン調べたい、だから、時に利用者がこの文献で十分、と言っているのに、あれもこれもと勧める、親切の押し売りになっていることもあるかもしれません。親切の押し売りが、時には利用者にとって思わぬ新しい良い方向へ向かうこともあるのですが、質はもちろん、量を考えることも必要だと自分に言い聞かせています。

病院図書館は24時間営業のコンビニを目指していますし、常に優先順位を考えて仕事をします。効率的に業務をしてくことは、ワンパーソン・ライブラリーには欠かせません。ときには、その業務を止める、しないことにする、という判断も必要です。「しないこと」がいちばん効率的なのですから。何でもかんでも一人でやることは、仕事が膨れ上がってとてもできないことです。

ほんとうに知りたい情報を入手できる図書館、一方で、ホッとする空間である図書館も必要です。千葉メディカルセンター図書室は飲食ＯＫ、といったらビックリしますか。そしてＢＧＭがかかっていることもあります。病院内ではスタッフがくつろげる場所は限られています。図書室は24時間利用できますし、喫煙以外はＯＫです。

喫煙といえば、20年以上前までは図書室でこっそりタバコを吸っていた利用者がいました。「昔は外来で医者が煙草を吸いながら診察していたよ」と、よりによって呼吸器専門の医師から聞いたことがあります。院内どこでも喫煙していたのです。事務室でも煙が蔓延していました。

私としてはなんとか図書室を禁煙にしたかったので、夜間にスタッフが喫煙し、タバコの吸い殻が残っていたこともあって、火事にでもなったらタイヘンということを理由に、院長に直談判、図書室ではいち早く禁煙にしたことを覚えています。早速禁煙の張り紙をしました。少しやさしい表現で。Thank you for no smoking！

6▾2　近畿病院図書室協議会と病院図書室研究会

１９７０年代、あちこちで一人きりで孤軍奮闘していた病院図書館の司書たちが集まって、お互いの情報を交換し、サービスの向上を目指してネットワークを作ろうとしました。関西地方を中心に発起人９人により病院図書館の現況と団体結成への意向を知るためのアンケート調査をし、１９７４年11月、大阪の星ヶ丘厚生年金病院において設立総会を開き、22名が出席、近畿病院図書室協議会（病図協）を設立しました[6]。おもに、文献の相互貸借及び雑誌所在目録の編集、教育研修、相互協力を目的としていました。機関単位の加盟で、大阪、京都地区の26病院が参加しました。

一方、この近畿病院図書室協議会の設立に刺激を受け、関東地区の病院図書館員たち９名が集まり、東京都と神奈川県における病院図書館の実態調査を行い、関東を中心に１９７６年３月、東京警察病院において設立総会を開き、病院図書室研究会（病図研）を発足させました[7]。28名（25機関）の出席でした。こちらの会は個人会員制で、当時の会員数は38名、内訳は、東京19、神奈川7、茨城3、千葉2、山形2、埼玉1、群馬1、福島1、静岡1、新潟1でした。当初の活動内容は、会報の発行、研修会の実施、病院図書館関連の国内外の文献収集および紹介でした。

私が入職した１９７７年、すでに2つの病院図書館団体が発足していたことは幸運でした。病図研には早々に入会し、仲間たちに支えられたことにより、仕事を続けられたことを前述しました。仕事のノウハウはもちろんのこと、一人勤務で最初は院内で孤立しがちの中、どれだけ気持ちを支えられて上向きになれたか、と思うと言葉を尽くせないくらいです。

両会ともその後発展し、会員数も増やしていきます。２０１５年現在、近畿病院図書室協議会は会員１１４機関で、ＫＩＴＯＣａｔ（キトキャット）と呼ばれる所蔵雑誌目録Ｗｅｂ版を作成したり、最近ではＫＩＮＴＯＲＥ（キントレ）という名称で、近畿病院図書室協議会共同リポジトリ事業も展開しています(8)。病図研は２００６年、日本病院ライブラリー協会（Japan Hospital Library Association：JHLA）と名称を変更し、２０１６年現在会員数は、機関会員84機関、個人会員１２３名となっています。研修会開催や機関誌の発行はもちろんのこと、患者図書支援事業、臨床研修支援事業、そしてコンソーシアムとしての機能の向上を目指しています。

私自身は１９９１、１９９２年の第2回と第3回、日本医学図書館協会の関東地区会との共催での「病院図書室職員養成セミナー」に講師として関わり、その内容を『病院図書室デスクマニュアル』としてまとめたこともありました(9)。また、はじめての病図研ホームページ作成を担当したり、会員病院の統計調査を開始したりと、仲間たちと楽しくアイデアを出し合いながら作業していました。

また一方で、１９９７年から「日本病院会」という全国規模の団体内に図書室研究会を作り、毎年全国研究会を開催していた時期があります。図書室部会、図書研究会等に名称を変更しながらも毎年活動を続け、日本病院会発行の『病院機能標準化マニュアル』の中の「図書サービス」[10]の項目の作成に関わったことは、第3章で前述しました。また1992年には、機関誌『日本病院会雑誌』にて、「病院図書館は今…」という連載が12回にわたって掲載されました。2003年に日本病院会内の再編があり、病院図書館としての活動は残念ながら中止していました。ところが数年前「図書委員会」として復活し、現在は会員病院の情報環境の向上を目指す目的で会員へのアンケート調査を実施し、電子ジャーナル、データベース等のコンソーシアム契約提案に向けてすでに始動しています。いくつかの提案が成立したと聞いています。

1997年には病図研と病図協との共同事業として、医療研修推進財団のVML（Virtual Medical Library）がスタートし、当時病図研の副会長を担当していたので、私自身も関わりました。両会の共同事業にはほかにもインターネット・プロジェクト「フォリオfolio」のインターネット公開や、病院図書館員認定制度などのいくつかの事業がありましたが、2000年には共同事業は中止となり、その後あまり接点はないようです。

6▾3　LITERIS リテリス　仲間とホームページを開設

病図研と病図協、両会の共同事業としてホームページ「folio」を1998年5月開設し、2001年6月まで活動しました。その後有志が集まり、「LITERIS リテリス：図書館

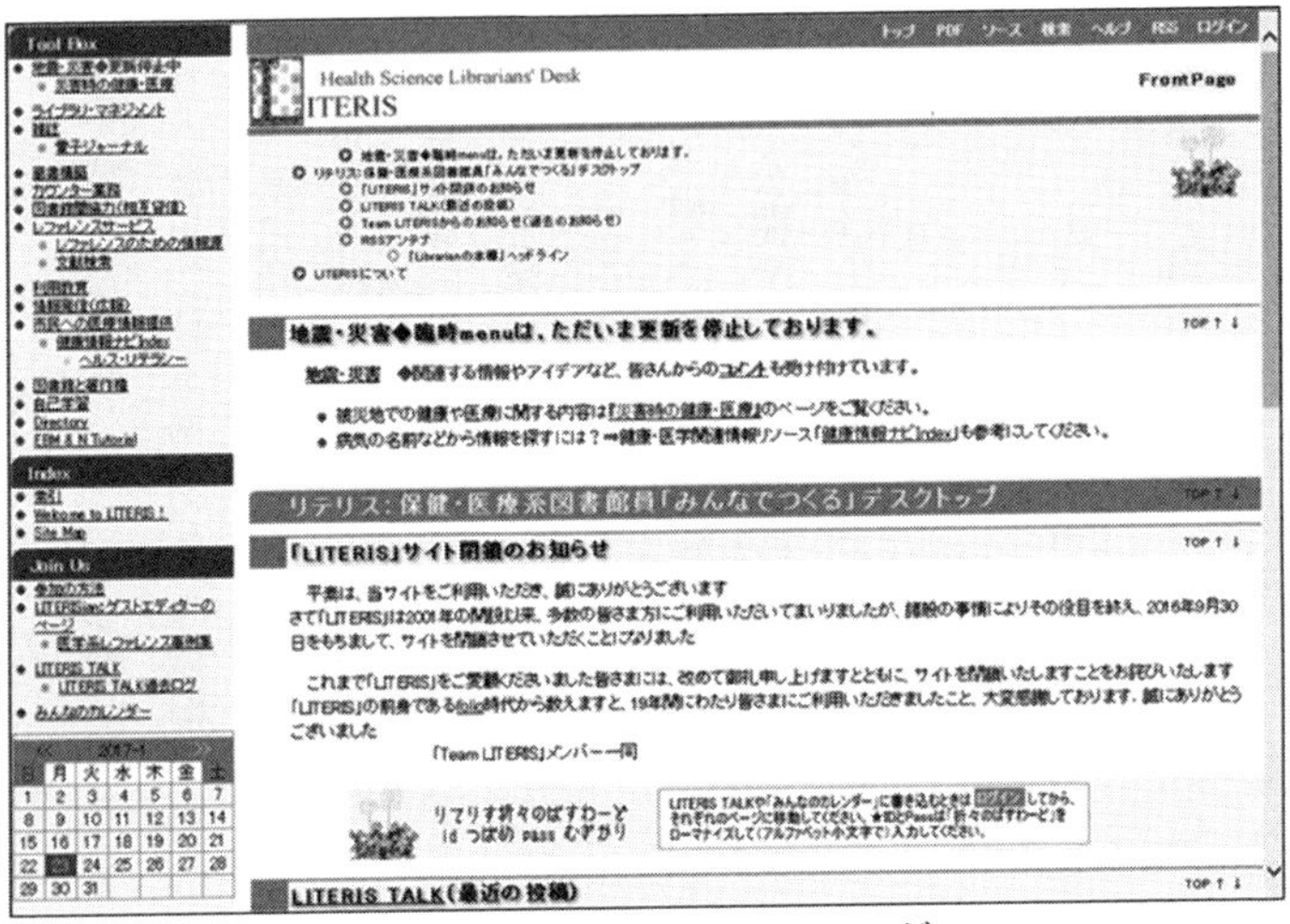

図 6-1　LITERIS フロントページ

フロントページのアクセス数は，2007 年 8 月から 2016 年までで 172,000 件以上

員によるウェブ医学医療情報リソース選集」として2001年7月から新たにホームページを立ち上げます。インターネットを通して図書館員の幅広い協力活動、図書館員によるウェブ情報のナビゲート、図書館員間の情報交換を目的としてきました。2006年までのページをアーカイブとして残しています[11]。掲示板のLITERIS TALKは、当時かなり活発な書き込みがありました。2007年8月にリニューアルし、「LITERIS：Health Science Librarians' Desk リテリス：保健・医療系図書館員「みんなでつくる」デスクトップ」としてWikiというツールを使って簡単にホームページの更新作業ができるようにし、コンテンツも充実しました[12]。

リテリスは、医療分野でのＩＴ利用の健全な発展をめざし様々な活動に取り組んでいる、日本インターネット医療協議会（ＪＩＭＡ）の医療サイトの審査を受け、ＪＩＭＡトラストマーク（認定マーク）を受けています[13]。

メンバーは当初から少し変更になりましたが、最新のTeam LITERISメンバーの名前を挙げます。ウェブマスターは国際医療福祉大学図書館の岩下愛さん、メンバーとして、聖路加国際大学学術情報センター図書館の松本直子さんと及川はるみさん、東京都立中央図書館の上田奈緒美さん、藤沢市民病院図書室の和気たか子さん、元国立京都病院図書室の小田中徹也さん、そして私です。

「ＬＩＴＥＲＩＳ」は現在もページは残っていますが、その役目を終え２０１６年9月に閉鎖を決め、更新を中止しました[14]（図６-１）。folio時代からＬＩＴＥＲＩＳまで、私にとっては同じ図書館仲間と楽しくさまざまな経験をし、学べた年月でした。ＬＩＴＥＲＩＳの「Ｌ」の字をデザインしたのは私ですが（図６-２）、それを使ってオリジナルのマグカップを作ったり、プリントして手提げバッグやＴシャツにアイロンで付けたり、シールを作ったりと楽しみました。それも楽しい思い出です。

図6-2　LITERISのロゴ

「LITERIS」を長年利用し、応援して下さった方々には深くお礼申し上げます。

6▼4 日本医学図書館協会との関わり

日本医学図書館協会（Japan Medical Library Association：JMLA）は1927年、新潟大学、岡山大学、千葉大学、金沢大学、長崎大学の5大学医学図書館により、「官立医科大学附属図書館協議会」として創立されました。当初から、おもに相互貸借を推進することを目的として活動し、その後80年以上、国公立大学、私立大学の医学部、歯学部、保健医療学部、関連学部や研究機関、病院図書館などを会員として活動してきました。

1994年までは実は機関加盟であり、協会に加盟するには下記に示すような基準（表6-1）をクリアしなければならず、したがって病院図書館では、わず

表6-1　日本医学図書館協会の旧加盟基準

蔵書規模	4万冊以上の蔵書を有し、80％以上の医・歯学の専門書を所蔵していること
年間受入冊数	最近3カ年にわたって、医・歯学に関する専門書を1,000冊以上受け入れていること
資料購入費	年額1,500万円以上の資料購入費を計上していること
雑誌受入数	現行医学雑誌500誌以上を購入受け入れていること
専門職員	5名以上の専任職員を有すること
参考業務・相互利用業務	1名以上の専任者を配置していること

出典：『第65回日本医学図書館協会総会：総会資料』日本医学図書館協会 1994 p.25より抜粋

か虎の門病院図書室と関東逓信病院図書館（現ＮＴＴ東日本関東病院図書館）の２館が準会員として加盟していたに過ぎません。その他の病院図書館は蔵書規模、購入費、職員数、サービスのどれをとっても水準に達することはできず、入会は不可能に近かったのです。したがって病院図書館は、同協会に加盟できないことでＪＭＬＡ相互貸借制度を利用できず、文献複写の入手もなかなか困難だった時期がありました。

このような厳しい加盟基準だった日本医学図書館協会が、その後正反対といっても過言ではない体制となり、いつでも誰でもウェルカム、となりました。個人会員もＯＫ、２０１６年現在、機関会員が１４４館、個人会員が１０８名、その他協力会員なども含めて計２７３です。

千葉メディカルセンター図書室は１９９７年機関会員として入会し、基礎研修会の実行委員を担当したり、２００１年からは教育・研究委員会の委員となり、認定資格「ヘルスサイエンス情報専門員」の創設に関わりました。

病図研と病図協との共同事業で「病院図書館員認定制度」が諸事情により頓挫したばかりでしたので、私自身、気合いも入っていました。大学図書館員の方々の中には、そんな認定制度があってもなくても仕事には関係ない、あるいは国立大学では異動があるので意味がない、などと批判的な意見も多かったのですが、それら批判的なものも含めてアンケート調査ではびっくりするほどたくさんの反応があり、関心の高さがうかがえました。病院図書館の現状とそこで働く司書の待遇などについて、徐々に大学図書館の方々にもわかってもらえるようになり、必要な人たちがいる、そして、完璧ではなくとも今ここで始めることが大事だ、といった大筋で合意し２００４年、なんとか認定制度を開始できたのはほんとうに嬉しかったことでした。委員たちの心配をよそにこの認定資格は軌道に乗り、内容も何度か改正し、２０１６年9月現在第26回の募集を終えたところです⑮。認定者は２０１６年4月現在、基礎３２１名、中級21名、上級56名、計３９８名となりました。基礎資格は永年保持できますが、中級、上級資格は5年以内に更新が必要となっています。私自身上級資格を最初に取得し、その後2回更新しています。

この医学図書館としての「専門性」を問う認定資格制度は、広く図書館界にも波紋を広げ、ほかの分野の図書館団体でもいろいろな形で認定制度が発足しています。

国内にはたくさんの病院図書館関連のネットワークがあり、それぞれの地域で活動しています。中でも前述した１９７４年設立の近畿病院図書室協議会と、１９７６年に設立した日本病院ライブラリー協会が2つの大きな団体です。一方、日本医学図書館協会では今では、大学図書館だけでなく病院図書館も含めた、医療系図書館全体の集まりになっていますので、病院図書館のメンバーも増加してきました。そこで病院図書館会員の意見を集約して活動するため、ＪＭＬＡ内に病院部会を立ち上げるべくアンケート調査を行い、２００９年正式に発足しました[16]。私は当初から関わってきたので幹事を引き受け活動してきました。おもに通常はメーリングリストでの活動ですが、年1回の総会時において定例会を開催、そして病院見学会を毎年開催しています。

今まで見学してきた病院は、亀田総合病院、埼玉大学国際医療センター、倉敷中央病院、聖路加国際病院、高知医療センター、成育医療研究センターです。毎回、とても好評です。2017年2月には、東邦大学習志野メディアセンターと隣接した千葉県済生会習志野病院を見学することになっています。

6▾5　『図解PubMedの使い方』

『図解PubMedの使い方―インターネットで医学文献を探す』は、2016年11月1日、第7版がJMLAから出版されました[17]（図6-3）。初版から第3版までは、東京慈恵会医科大学学術情報センターの阿部信一氏と私の共著で書かせていただきました。第4版から第7版までは、著者に国際医療福祉大学図書館の岩下愛氏と京都府立医科大学附属図書館の山下ユミ氏を迎え、阿部氏と私は監修ということで関わってきました。この原稿を執筆している今まさに、実はこの第7版の校正中なのです。

ＰｕｂＭｅｄの前身のＣＤ‐ＲＯＭだったＭＥＤＬＩＮＥ、その前身のパソコン通信時代のＭＥＤＬＩＮＥ、そのまた前身の冊子体の*Index Medicus*の時代からずーっとかかわってきた私としては感慨深いものがあり、この『図解ＰｕｂＭｅｄの使い方』の出版に関われたことは、とても幸せだと思います。

初版はリング式となっていて、パソコンの脇に置いて使いやすいマニュアルでした[18]。背表

図 6-3　『図解 PubMed の使い方：インターネットで医学文献を探す』第 7 版
岩下愛、山下ユミ共著；阿部信一、奥出麻里監修
日本医学図書館協会　2016
ISBN　978-4-931222-22-9　A4 判
109 ページ　本体価格 1,800 円
発売　紀伊國屋書店

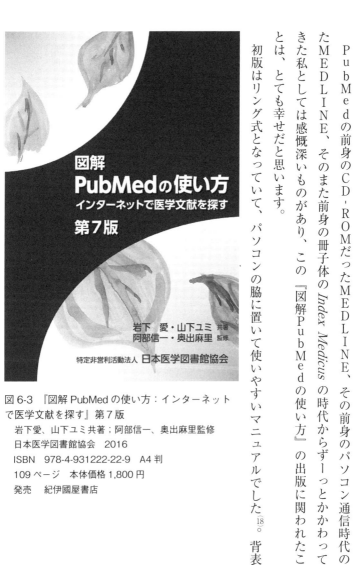

紙がなく分類番号などが記載されている図書館用ラベルが貼れないため図書館の蔵書向きではないこともあって、第２版からは通常の形態となりました。厚さがそこそこになって背表紙に文字が入ったのは第４版からでしたが。表紙のデザインは初版と第２版は阿部氏が担当し、可愛いゴジラのようなキャラクターを覚えていらっしゃる方もいるかもしれません。その後、私が担当させていただいており、素人ながら毎回楽しんでデザインしています。

当初、どちらかというと医学図書館員のためのマニュアル的な感じで出版したものでしたが、現場の医師や研修医、コ・メディカル、医学生などによく利用されて毎回品切れとなり改版を続けています。１ページ、あるいは左右２ページで内容を簡潔に図解、解説していますので、ＰｕｂＭｅｄの使い方をすべて網羅しているものではありませんが、ポイントを押さえているつもりです。インターネット上のものの宿命で、いつ画面が更新されるかわからないので、校正中にガラッと変わってしまって関連画面の図をすべて差し替えたこともありました。

第7版もぜひ、ＰｕｂＭｅｄに関わっている方には使っていただけたらと思います。今後は電子出版も考えています。ＰｕｂＭｅｄは今年20周年を迎えました[19]。この『図解ＰｕｂＭｅｄの使い方』は２０１６年で15周年となります。

6▼6　そしてMIS、その他の関連団体

ＭＩＳ（ミス）とは、Meeting on Medical Information Servicesの略で、医学情報サービス研究大会のことです。１９８４年から始まり、２０１６年第33回を数えました。

当初、「生物医学図書館員研究会」（代表：山崎茂明氏）、「病院図書室研究会」（代表：後藤久夫氏）、「ライフサイエンス図書館員研究会」（代表：井出唯敬氏）、「日本端末研究会」（代表：殿崎正明氏）による合同の研究会が検討され、１９８４年６月２～３日に東京都養育院で「第１回図書館情報サービス研究大会」が開催されました[20]。その後１９９３年の第10回大会から「医学情報サービス研究大会」と名称を変更しました。設立当初から、所属機関を越えて自覚的に個人として集うという趣旨のもと、特定の団体や機関からの後援は一切受けず手作りの研究大会であり、それが故、アイデア豊かな活発な楽しい会となっています。

このＭＩＳには、第１回から参加しています。今まで出産の年など数回を除いて30回くらいは参加していると思いますし、何回か発表もさせていただきました。モデレータやラウンドテーブルを担当したこともあり、懇親会も毎回楽しみです。それほど行ってみたい、と思う会なのです。

２００６年７月15～16日、千葉大学けやき会館で開催した第23回千葉大会には、自ら実行委

員として関わりました(21)。その1年以上前、当時東邦大学習志野メディアセンターにいらした谷澤滋生氏からお電話をいただき、千葉でMISを開催したいのでぜひ実行委員長に、とのお話を受け、ビックリしながらもやってみたいとの思いがこみ上げてきました。しかし、当時はまったくの一人勤務、とても実行委員長はできないと思いました。申し訳なかったのですが、一実行委員として関わりたいとお願いしました。

その結果、谷澤氏ご本人が実行委員長となり、事務局長は千葉大学附属図書館の加藤晃一氏、その他の実行委員の方々のお名前と当時の所属を記してみます。

阿部由美子氏（市原看護専門学校図書室）、池田貴儀氏（日本原子力研究開発機構）、伊藤博氏（千葉県立西部図書館）、加藤麻理氏（三菱ウェルファーマ）、下原康子氏（千葉県がんセンター患者図書室にとな文庫）、鈴木宏子氏（千葉大学附属図書館）、成毛モモ氏（千葉県済生会習志野病院図書室）、二宮敦氏（千葉科学大学図書館）、平川裕子氏（千葉県立衛生短期大学図書館）、黛崇仁氏（東京歯科大学図書館）、そして柚木聖氏（浦安市立図書館）です。ほかにも協力委員の方々もお願いしました。大学図書館、公共図書館、病院図書館、看護図書館、企業や研究所の図書館などほんとうにさまざまな図書館の方々が集まりました。「館種」が違うというのですが、こうした中で企画から終了後まですべて関わったこの活動は、私にとってかけがえのない財産となりました。

はじめての実行委員で、企画や準備を何からどのように始めたらいいのか右往左往していましたが、毎回の実行委員会とその後の夕食会が楽しかったのを覚えています。ほとんどずーっと一人勤務の私は、協同して仕事をすることが少なく、このように具体的にみんなと一緒に何かをすることが楽しくて仕方ありませんでした。

ロゴデザインの原画を描かせていただいたり、公開シンポジウムをみんなで企画したり、実行委員の皆さんにこちらの病院図書室に来てもらい、案内状の発送作業を一緒にしたり。素敵な抄録集やグッズもできて、当日はドキドキしながら準備していました（図6‐4）。暑い暑い日でしたが続々参加者が到着し、精一杯張り切って飛び回っていました。懇親会では、浴衣に着替えてあちこち皆さんとおしゃべり。公共図書館員の男性二人、伊藤さんと柚木さんの「おはなし会」もありました。涙を流して聴き入ってくださった方もいました。

このように参加者が主催者になれるということ、それがこのＭＩＳが継続していける原動力かもしれません。ＭＩＳ23千葉大会の仲間たちとはメーリングリストも健在、今もときどき集まっています。

もう一つ、身近な会にＬＬＣがあります。ＬＬＣは、「ライフサイエンス・ライブラリアンズちば」の略です。千葉県中心の医療系の図書館員の集まりです。２００３年12月に最初の会合を持ってから13年になります。これは私のいちばんの恩師、そして友人でもある平川裕子さ

図6-4　MIS23千葉大会ロゴ入り記念グッズ

クリアファイル

メモピット

Tシャツ

巾着

んの強い希望だったのです。平川さんは、看護図書館や病院図書館に勤務するスタッフのネットワークを作りたいと相当以前からいつも口癖のように言っていました。弱小だけれど重要な医療情報を担う図書館をなんとかしたいという思いが強かったのです。けれど私自身はといえば、「そうねそうね」と相槌をうつだけでそのままでした。というのも言い訳ですが、自分自身は、病図研にしろＪＭＬＡにしろ、あちこちの会に参加できていたし十分情報収集の場、活動の場があったからです。千葉という場所柄、東京へ出るのもわりあいたやすいので、勉強会や研究会などは今ではいくらでもあるし、選ぶのがタイヘンというくらいで、よく参加していました。けれど実は千葉県内でも、もっともっと厳しい状況の図書館はたくさんあるのです。病図研にも参加できない病院図書館や、日本看護図書館協会にも参加できない看護学校図書室です。

その転機は、平川さんの白血病の発病でした。ほんとうに申し訳なかったのですが、彼女が病気になったことで、彼女の望んでいた会の設立を急がなくては、と思ったのです。ごめんなさい、平川さん。２００３年7月9日、平川さん自身から私の職場に電話があり、白血病で入院している、と聞いたときのショック。頭が真っ白になり、その晩、入院中の病院に面会に行きました。彼女は5月に突然発病し初期の危ない段階は越えていたので、客観的に自分のことを話し、前向きに冷静に対処していました。動揺していた私のほうが、支えられていたように思います。

彼女はそれから何年もずっと闘病生活をし、入退院を繰り返し、さまざまな治療もし、それでもいつも明るく快活で、反対に私たちを励ましてくれていました。彼女が必要とあればどんな文献でも検索し探し読んで、渡しました。大量の白血病に関する文献を入院先に送ったこともあります。具合が悪くてこんな文献読めないとも思いましたが、きっと知りたいと思っていると確信していたのです。彼女は自身の患者としての経験について語り、そして書きました[22][23]。

平川さんと阿部由美子さんの共著で、ＬＬＣについて設立当初の状況を書いています[24]。その後、平川さんとも何度も話し合って、ＬＬＣを育ててきました。ほんとうに悲しいことに彼女は２０１４年5月に亡くなりましたが、ＬＬＣは誰でも集まれる会としてゆるやかな繋がりを続けています。年会費もなく、会員数も定かではないという会です。それでも２０１６年７月には、千葉市民活動支援センターを利用して、ＬＬＣ第32回研修会が開催され、池田貴儀氏の講演「灰色文献の本質を探る」がありました。約20名の参加がありました。

私が関わってきた研究会などの会はまだまだたくさんあります。名前だけで説明は省略しますが、列記します。退会した会も含んでいます。

全国患者図書サービス連絡会

日本端末研究会
日本図書館協会：ＪＬＡ
日本図書館情報学会
生物医学図書館員研究会
メディアドクター研究会
図書館サポートフォーラム：ＬＳＦ
医療系図書館員学びネット：医図学ネット
日本インターネット医療協議会：ＪＩＭＡ
白門ライブラリアンズ
情報科学技術協会：ＩＮＦＯＳＴＡ
サーチャーの会

また、１９８５年の東京での国際医学図書館会議以来、国際会議にはほとんど参加していなくて、１９８６年のＩＦＬＡ（イフラ：International Federation of Library Associations

写真 6-1　IFLA シンガポール大会（右から一緒に参加した藤井昭子氏、竹内ひとみ氏、佐藤正恵氏、一番左が筆者）

and Institutions）東京大会は今まど子先生が関わっていらしたものの、私自身の出産と重なり参加できませんでした。しかしその27年後の２０１３年8月、ＩＦＬＡシンガポール大会に参加し、とても楽しいひとときを過ごすことができました（写真６-１）。

6▾7　大学院で学ぶ

指導教授でもある中央大学名誉教授の今まど子先生には、大学時代、就職、そして大学院時代と長い間、お世話になってきたことを第2章で書きました。大学院修士課程は2年間が原則ですが、私はフルタイムで仕事をしていたため、今先生は最初から、「3年でも4年でもかけてじっくりおやりなさい」とおっしゃいました。とはいえ、私自身としては有給休暇の残りを数えながら休みをとり授業に出ていたし、何年も長引けばそれだけ授業料もかかるわけですし、どうしても2年で修了したいと固く思っていました。週1日有給休暇をとり、さらに土曜日には今先生が午後まで開講してくださって、なんとか単位を取りましたが、2年生になっても単位がかなり残っており、修士論文をまとめることも含めて「地獄のような」2年間でした。ともかく寝る時間がないということでしょうか。通学が遠いので、朝は自宅のある千葉の最寄り駅から新宿まで各駅停車に乗り、座ってずっと予習です。新宿から京王線に乗り継ぎ、さらに乗り換え多摩動物公園駅で降りました。そこから重い本がたくさん、時には30冊も入ったリュックを背負って山登りのような道を歩き、ようやく大学の裏口に到着です。その「山登り」では他の若い学生にどんどん抜かされます。そして2年間使ったリュックはみごと壊れました。息子から借りていたリュックでしたが。帰りの車内では爆睡。何回乗り越したかわかりません。日曜日も家事はせず、ほとんど朝から晩まで勉強していました。

ただ、とても恵まれていました。中央大学図書館には、医学以外の必要な本や雑誌がほとんど揃っていたのです。どんな授業でも今先生の授業の場合、参加者全員が図書館員ですから、できる限り検索し、全部ウラを取らなければなりません。つまり、参考・引用文献は必須です。膨大な本や文献に当たらなくてはならないのです。そして中央大学図書館に所蔵のない医学情報についていえば、私は仕事としてやっているわけで、どんな文献でもほとんど入手可能なのです。

そしてその頃は、幸運なことに私を支えてくれた職場のアルバイトの方がいたのです。私に大学院進学を勧めて背中を押してくれた同級生の小川まゆみさん、その後引き継いだ野口由美子さん、そして唐木美保子さんそれぞれに感謝しています。

40歳代になって再び大学のキャンパスで学ぶことの幸せ、大学の学食で同じゼミの仲間と食事をしながらおしゃべりできることの楽しいこと、大きな図書館の書庫の中を迷いながら資料を探し当てる喜び。かけがえのない2年間でもありました。今ゼミのその当時のメンバーは、先輩に小山憲司氏と鈴木守氏、私と同期では、篠原由美子氏、岸本麻衣子氏、そして1年後に後藤久夫氏、桑田てるみ氏、永井夏紀氏が入ってきました。年齢も館種もさまざま、他のゼミのメンバーとの交流もあり、後から思い出してもある意味、不思議な空間にいた自分自身を感じます。そのゼミのメンバーは皆さん、その後あちこちで大活躍されています。

今先生の厳しい指導のもと、なんとか私が修士課程を修了した2000年、工事中だった多摩都市モノレールが完成し、中央大学・明星大学駅ができて山登りの道を歩くことはなくなりました。今でも当時の今ゼミの仲間たちと会うと、その頃の厳しい今ゼミの様子や先生のご自宅での楽しく美味しい鍋パーティなどを思い出し、話に花が咲きます。修士論文を元に2つの論文を書くこともできました(25)(26)。

6▼8　高感度&好感度ライブラリアン

3・11のときのことを突然書きましょう。

2011年3月11日東日本大震災、千葉市内にある当院（当時はまだ、JFE健康保険組合川鉄千葉病院）でも震度5弱だったかと思いますが、相当な揺れを感じました。金曜日の午後でした。私は図書室の奥にある手動式の集密書架の間にいました。その書架に挟まれたらたいへんです。ビックリして飛び出したのを覚えています。図書室には2～3人の利用者がいて、ホッとしました。図書室は1階にあり地震対策もしてあったため、いくらか本が落下しましたが、ほとんど被害がなかったのです。これは幸運でした。

病院自体は大変な騒ぎになりました。詳しくは覚えていませんが、6階あたりの病室のスプリンクラーが壊れ、水が撒き散らされたのです。その時は理由がわからず、水道管が破裂したのかと思ったくらいです。止まったエレベーターのところから水が大量に流れていました。すぐに水を止めたため、水が使えなくなりました。

安全のため患者さん全員にまず、外の駐車場に出ていただいたのです。エレベーターが使えないので階段です。職員が患者さんをおぶったりして下ろしていました。まだまだ寒い日でした。患者さんたちは毛布にくるまっていました。私は、ともかくできることをしようと思い、近くにいた副院長の指示に従い、全患者さんのリストをプリントアウトして、各部署の責任者に配布しました。

患者さん全員の確認をした後、建物は大丈夫とのことなので1階の玄関ホールに全員集合しました。電気は止まっていなかったのが幸運で、病院の医療システムも動いていました。そこで、比較的元気な患者さんで、自宅の方が迎えに来られる場合は、薬を処方してできる限り退院していただくことになりました。

私の手元にはなぜか使いかけのテレホンカードがたくさんあったので、公衆電話に並んでいる方たちにさし上げました。携帯電話やスマホはなかなか繋がりませんが、病院の公衆電話はいちばん繋がりやすいのです。意外に職員も知らなかったようです。

また、病棟は水浸しとなり使えないとのことで、夕方になって1階の理学療法室（リハビリテーションセンター）や2階の広いスペースに患者さんが休めるようにするとのこと、図書室の前は理学療法室だったので、そこのいろいろなリハビリ用の道具を図書室に運んでもらい、広くなったスペースにマットレスを敷き、シーツをかける仕事を手伝いました。患者さんたちがごろ寝です。その後、管理栄養士が夕食を配っていました。備蓄の食料は職員分も含めて2～3日分あるそうです。

そういえば手持ちの食料（ほとんどお菓子だったのですが！）を事務室に運び、対策本部にいる職員に食べてもらったことも思い出しました。ともかく何かしなければ、という気持ちでいっぱいでした。

落ち着いたところで帰宅するようにと指示をもらい、夜9時過ぎに、友人である薬剤師の市原純子さんの車で何人か送ってもらいました。途中、ファーストフードレストランで夕食をとって帰ったのですが、やはり渋滞にはまり到着は夜中になりました。友人の西尾たき子さんに自宅に泊まってもらいました。自宅が滅茶苦茶になっているのではと不安だったのですが、それほどではなくホッとしました。

日頃の防災訓練にあまり熱が入っていないのですが、実際にこんな大地震に遭遇すると、医師や看護師はじめ、職員の皆さんがしっかり頑張っている姿を見てとても頼もしく感じました。病院全体としては細かい点などで反省点がたくさんあったかとは思いますが、患者さんが全員無事だったとのことが何よりでした。

ライブラリアン以前にその組織の職員であること、それを再確認できたことでもありました。

さて、病院図書館は患者さんのためにあり、患者さんが直接利用できることがもちろん重要です。さらに、病院のスタッフである各診療科の医師、歯科医師、看護師、助産師、薬剤師、理学療法士、作業療法士、言語療法士、臨床検査技師、診療放射線技師、管理栄養士、歯科衛生士、臨床工学技士、その他の専門職、そして事務職、さらに看護専門学校の教員と学生にサービスする必要があります。それぞれに合った医学情報の提供はもちろんですが、毎日忙しく働く皆さんには癒やしの空間も必要です。図書館に来たくなるような場所の提供です。何が一番大切かと問われれば、私はいちばんに「笑顔」と答えます。

「笑顔であいさつ」です。それからやっと「専門性」が問われると思っています。医学図書館や病院図書館の司書の専門性やスペシャリスト、エキスパートを表す言葉としては、

１９７０年代からＣＭＬ：Clinical Medical Librarian（臨床医学司書）がもてはやされ、当時聖路加国際病院医学図書室の足立純子氏が米国で研修を終え、自ら実践・活躍されていました[27]。その後、ＥＢＭ：Evidence based Medicine（根拠に基づく医療）や Systematic Review（システマティックレビューといって、文献をくまなく検索し、ランダム化比較試験などの質の高い研究データを収集して分析し、内容をまとめて結論を出したもの）などが登場し、Research Librarian（リサーチ・ライブラリアン）という言葉もありました。Clinical Research Librarian, Medical Research Librarian, Health Research Librarian と呼ばれました。国内でもワークショップが開催され、私自身も参加したことを思い出しました[28]。２０００年には、Infomationist（インフォメーショニスト）という言葉も登場しました。有名な医学雑誌である *Annals of Internal Medicine* に掲載された、"The informationist : a new health profession?"[29]という文献が話題を呼び、コメントがたくさん掲載されました。その後も Clinical Informationist, Health Professional Informationist などと定着して文献に登場していきます。米国の医学図書館協会（MLA : Medical Library Association）のサイトでは Life Sciences Informationist の求人も見つけました。さらに最近では Embedded Librarian（エンベディッド・ライブラリアン）が話題となっています[3]。「エンベディッド」とは、「埋め込まれた」「溶け込んだ」という意味で、エンベディッド・ライブラリアンとは、「日常の業務において、図書館を離れ、利用者が活動している場から、利用者と活動をともにしつつ情報サービスを提供している図書館司書を指す(30)。」ということです。

Clinical Medical Librarian、Research Librarian、Infomationist、そしてEmbedded Librarianと名称は変わっても同じ方向性を示していると思います。目の前にいるそれぞれの利用者が今欲しいものは何？　を考えて、できる限りのサポートができれば最高だと思います。そのためにはいつも新しい情報に敏感である必要もあるし、具体的には「ＥＢＭ」だったり「診療ガイドライン」、一つの論文だったりかもしれませんが、たった一言のねぎらいの言葉かもしれません。また、むずかしい文献検索ができるばかりがスペシャリストの資質ではありません。

10年以上前にもらったある医師からのメモが残っていました。そこには、

マリさんに依頼する文献キーワード

・リスト・バンド
・針刺し事故
・インフォームド・コンセント（総説のみ）
・肺塞栓（症例報告は除外）
・外来待ち時間

とありました。けっしてむずかしいキーワードではないけれど、こんなことを気軽にどんどん聞いてもらえることが、私の日々の糧になってきたと思います。このようなメモがたくさん見つかりました。我ながらかなり「溶け込んで」いたと思います。そして、たまには腕がふるえる難題の検索依頼も楽しいものです。

ここのタイトルは「高感度&好感度ライブラリアン」です。ライブラリアンでいる限り、自分自身がこのような方向に向かって行きたいとの思いを書きました。

第7章 引っ越しと図書館管理システム

7▼1 4回目の引っ越し

図書室は病院の中では増築部分でもあり比較的新しかったのですが、病院全体としては創立が1966年ですから、約45年も経っていて相当古い部分もあります。もう、建て替えるほかなかったのです。2014年12月、隣接したグランドに新築し、移転しました。またまた引っ越し、4回目になりました。

2014年7月、引っ越しも控えていること、そして私自身が定年となることもあって、成毛モモさんが非常勤として入職してくれました。彼女は以前2005年頃、千葉県済生会習志野病院の図書室勤務が決まった時に、当院に数か月間研修に来てくれたことがありました。研修といってもこちらも忙しいので、仕事を手伝ってもらっていたのが事実です。その後、その病院図書室で約5年間勤務しましたが、諸事情で退職していました。頼りになる助っ人が入ってくれたので、相談しながら進めることができました。

最初の提示された新病院の図面では、患者さん向けの流行りのスペースが医療情報コーナーという形で1階に大きくとってありましたが、職員向けのいわゆる医学図書室についてはまったく考慮されてなく、医局の近くなどに狭いスペースが数か所あるだけでした。「どういうこと?」と思い、図面を作成した業者さんに実際にここの図書室に来てもらいました。こんな図書室があったこと自体を知らなかったようで、写真を撮ったり質問されたりしました。事前調査のお粗末さを感じました。

ようやく次に提示された図面では図書室が4階の研修センター内にできていましたが、窓がなく私としてはかなりガッカリしました。ヒヤリングをしてくださいとお願いし、隣の研修実習室と交換して窓際にして欲しい、とか、それがダメなら壁に採光用の窓、擂りガラス等を設置して欲しい、あるいは、ちょうど図書室は天井の上が外になるので、天井に窓を付けて欲しい、などとあれこれ申し入れさせてもらいましたが、ことごとく却下されたことは、たいへん残念なことでした。ヒヤリングをした、という事実だけでした。

図書室内のレイアウトに関しては私の方で3通りほど作成し、その中で決めることができました。

写真 7-1　患者図書コーナー

セキュリティが厳しくなり、今までのように職員も利用する図書室を患者さんも使うというわけにはいかなかったので、1階には小さな患者図書コーナーを設けることになりました。当初はパソコンを1台置く予定でしたが、実現していません。売店の隣でイートインスペースとつながっているので、利用はとても多いのです。結局、こちらで選定した図書、医学関連図書と一般図書の両方、そして自由に持って行っていただける、製薬会社から提供を受けているパンフレット類を置くだけとなりました（写真7-1）。担当者も常駐していません。さまざまな病気などに関するパンフレット類はびっくりするほど利用が多く、2015年12月までの約1年間の合計で約

写真 7-2　引っ越し中　旧図書室

写真 7-3　引っ越し後片づけ中の筆者　新図書室

240種類、17800部以上も設置しました。

4階の図書室と1階の患者図書コーナーのスペースを両方一緒にすればなんとか、以前の図書室と同じくらいのスペースを確保できた、というところでしょうか。ということで、4階の図書室は狭くなってしまったため、もう満杯だった製本雑誌を大量に除籍・廃棄することになりました。電子ジャーナルの時代に突入していますので、雑誌のバックナンバーをたくさん抱えているのももう無理かな、という決断でした。確かあったはずと思って医師やコ・メディカルスタッフが探しに来て、もう2005年以前の雑誌はほとんどないことを知り、愕然としながらも「しかたないかなー」という気持ちにさせてしまったこともたびたびありました。もちろんILL等で対応しました。10年以上経った雑誌論文は利用が極端に減ることも事実ではあります。

今回は病院全体の移転で、かなり綿密な計画を立て、図書室は大量の本を抱えているので一気にはできないため、約2週間かけ順序立てて移転しました（写真7-2、7-3）。

引っ越し後一時は利用者数が減りましたが、図書室の場所をだんだん知ってもらうようになって、以前のように利用も増えました。図書室に入るにも職員証が必要になったことにより、24時間365日図書室を利用できるようにできたことも、よかったと思っています。長年私が作っていたシンプルな図書室ホームページも、成毛さんが温かみのあるホームページにリニューアルしてくれました(1)。

7▼2　念願の図書館管理システム

図書室引っ越しと合わせて、図書館管理システムを導入することになるわけですが、それまでの道のりはとても長かったと感じています。

第3章の「パソコンがやってきた」で紹介したとおり、当時のMS‐DOSパソコンでリレーショナル・データベース「桐」を使って蔵書管理を始めたことはお話しました。その後、ウインドウズになりましたが、この「桐」というソフトのウインドウズ版がなかなかできなかったため、図書室に1台あったMacを利用して、ファイルメーカープロ(FileMaker Pro)というソフトで蔵書管理を始めました。それは1990年代半ばだったでしょうか。それはなかなかすぐれものだったのですが、その後、病院内で事務系はすべてウインドウズを使用するようになり、ファイルメーカープロのソフトを買うこともできず、しかたなくエクセルへすべてのデータを移しました。

長年、図書館管理システムを導入したかった私に、当時ベルブック(現在、株式会社ベルサー

写真 7-4　千葉中央看護専門学校図書室

写真 7-5　千葉中央看護専門学校図書室にて　成毛モモさんと

ビス）という、おもに洋書や外国雑誌を扱っていた会社から、病院図書室のような小規模向けの図書館管理システムの開発に協力して欲しいという要望に、すぐに気持ちを動かされました。２００７年頃から関わって２００８年末頃から病院引っ越し前２０１４年末まで、ＪＬＩＸという名前で独自の図書館管理システムを開発してもらい、試用していました。結局、諸事情で完成形には至らなかったのですが、これが元になりました。

その頃ウインドウズＸＰパソコンを使用しており、マイクロソフトのすべてのサポートが２０１４年４月に終了することとなり、11月の引っ越しを機会にどうしてもウインドウズ７へ移行する必要がありました。もうＪＬＩＸのアップグレードは期待できなかったため、私としてもどうにかしなければ、という思いが強くありました。

その後、看護専門学校との連携でブレインテックの「情報館」を導入できたことは第５章で述べたとおりです。

翌年の２０１５年３月、看護専門学校の石川さんが退職したため、４月に私が看護専門学校図書室も兼務することとなりました（写真７‐４、７‐５）。これにはちょっとビックリ。２つの図書室の掛け持ちということになると、いくら近いとはいえ別の建物を行ったり来たり。学生や教員とのやり取りも楽しいのですが、仕事としては中途半端な毎日となりました。

おわりに

２０１５年４月より、千葉中央看護専門学校図書室も兼務となり、はじめて看護専門学校の職員としても勤務することとなりました。ここでびっくりしたのは、１週間にたった１日か1.5日の司書の勤務で仕事が回っていると思っているのだろうか、ということ。人件費を増やせないといった事情もあるかと思いましたが、教育・看護師養成を主眼としている学校として、学生や教員に対するサービスを常時しなければならないのに、これではますます看護大学との格差が広がってしまうのでは、という強い懸念を覚えました。

病院では図書室運営委員会は年に2回の開催でした。ところが、看護専門学校では毎月図書委員会が開催されるのです。なぜかといえばこの委員会は学生中心なのです。3学年で図書委員が30人以上いました！　学生が図書室の仕事を分担しているのです。なるほど、と思いました。朝とお昼休み、そして夕方、担当の学生が図書室で決められた仕事をします。さらに図書室担当の教員、石橋園子先生の強力なバックアップがありました。実際のところ、石橋先生は司書の仕事をこなすことができるくらいの域に達していました。また、元市原看護専門学校司書で友人の阿部由美子さんには、ボランティアとして手伝ってもらいました。

図書委員の学生の仕事の例として、その当時、雑誌の受け入れに関しては、受付シールを貼って配架するだけでした。

ということで実際、何の雑誌を購読しているかハッキリわからなかったのです。きちんとした雑誌所蔵リストがなかったのです。そして雑誌架の配架順がわからない。五十音順でもないアルファベット順でもない。なんとなく分類して置いている。だから、少ない雑誌数なのに、どこにあるかすぐに探せない……。未着・欠号不明。雑誌の貸出はしていません。

そんなこともあり、びっくりして私は、「情報館」システムで雑誌の登録を始めました。

雑誌の製本はきちんと毎年やっています。雑誌の利用が少ないので紛失はほとんどないようです。反対に単行書の貸出が多い。おおかたの単行書がどんどん貸し出され、書架が寂しくなります。貸出が多いので3冊に制限。複本の購入もありますが、いずれにしても蔵書が足りないように感じました。

コピー利用はかなり多く、1台の複写機にずらーっと並んでいます。パソコン利用も多く5台全部使っています。パソコンを80台備えた教室も使えますが、本や文献の揃った図書室のパソコンが使いやすいようでした。ビデオやDVDの利用もあります。

このように、学術雑誌や文献の利用がほとんどの病院図書室とは、対称的な部分が感じられました。いい経験をさせていただいたと思っています。

川鉄時代に私が担当していた「文献検索」の授業を学生時代に受けたことがあるという教員がいたことがわかって、何とも時代を感じましたし、うれしく思いました。たった1年間でしたが、千葉中央看護専門学校では学生や教員といろいろな関わりを持つことができ、忙しくも楽しい時間を過ごすことができました。学生はもちろんのこと教員にも、医療情報リテラシー、ヘルス・インフォメーション・リテラシーを感じてもらえたと思っています。

医学にかかわる図書館として、つまり、命にかかわる仕事をされている方々へのサービスをする図書館として考えていたこととは、

「Ｎｏ！　と言わない図書館」

「コンビニのような24時間利用できる図書館」

を目指していたように思います。

「未来は図書館の中にある」とどこかで誰かが言っていたのですが、そう心に思って仕事を続けてきました。司書という仕事は、喜ばれる仕事です。仕事をすると喜ばれる、そんな素晴らしい仕事があるかしら、と思います。ある女医さんから、「とってもいい仕事ですね！」と、羨ましがられたこともあります。

２０１６年3月31日木曜日、退職の日。

午後は有給休暇を取って、あちこち挨拶したり、病院にかかったりしていました。友人たちから抱えきれないほどの花束とプレゼント。持ちきれないので、タクシーで帰ることに。成毛モモさんと、その場に居合わせた、小児科の鈴木裕子医師が花束や荷物を持ってくれて一緒に1階のタクシー乗り場まで来てくれました。タクシーに乗り込むときには、他の白衣を着た医師も、誰か患者さんの退院かと思ったらしくタクシーに近寄って来て、私だとわかって笑顔で手を振ってくれました。

タクシーの運転手さんが、「ご退院ですか？」と声をかけてくれました（笑）。「いいえ、退職です！」

翌4月1日水曜日は、植草学園大学・植草学園短期大学図書館の初出勤の日でした。幸運なことに現在、ここの大学図書館にて毎日奮闘しています。

私の長い病院図書館勤務の日々について、ようやく書かせていただきました。あまりにもたくさんのいろいろな体験が思い出され、どこからどのように書いたらいいのか迷ったり、また、何度も似たようなことを書いてしまったり、まとまりのない面が多々あるかと思います。おつき合いいただき、ありがとうございました。

そして、川鉄時代からＪＦＥ時代、千葉メディカルセンター時代と、たくさんの方々に支えていただいたこと、深く感謝いたします。文中にお名前を出させていただいた方々には、ほんとうにお礼を申し上げます。

また、思ったより筆が進まず、いつも暖かい眼差しで執筆を促してくださった編集担当の我妻滋夫さんには、心よりお礼申し上げます。ありがとうございました。

２０１７年１月吉日

千葉市の自宅にて

奥出　麻里

EBMにおけるリサーチライブラリアンの役割と養成：ワークショップ・プログラムの作成とその評価. 医学図書館 1999;46(2):201-208

29 Davidoff F, Florance V. The informationist: a new health profession? Ann Intern Med. 2000;132(12):996-998

30 鎌田均.「エンベディッド・ライブラリアン」：図書館サービスモデルの米国における動向 http://current.ndl.go.jp/ca1751

【7章】

1 千葉メディカルセンター図書室 HP
http://librarycmc.web.fc2.com

16　日本医学図書館協会病院部会　http://plaza.umin.ac.jp/~jmla/byoin/index.html

17　岩下愛、山下ユミ共著；阿部信一、奥出麻里監修．図解 PubMed の使い方：インターネットで医学文献を探す　第7版　日本医学図書館協会　2016

18　阿部信一、奥出麻里．図解 PubMed の使い方：インターネットで医学文献を探す　日本医学図書館協会　2001

19　PubMed Cerebrates its 20th Anniversary!　NLM Technical Bulletin 2016 May-June; (410):e12　https://www.nlm.nih.gov/pubs/techbull/mj16/mj16_pm_20.html

20　医学情報サービス研究大会とは http://mis.umin.jp/aboutmis.html

21　第23回医学情報サービス研究大会千葉大会 http://mis.umin.jp/23/index.html

22　平川裕子．図書館員が突然入院して．医学図書館　2004;51(4):355-356

23　平川裕子．患者と図書館:患者となった図書館員の体験を通して．図書館評論　2011;(52):80-89

24　平川裕子、阿部由美子．ライフサイエンス・ライブラリアンズちば（LLC）の設立と今後．看護と情報　2005;12:23-26

25　奥出麻里．病院図書館のための国内雑誌評価の試み．医学図書館　2000;47(2):179-193

26　奥出麻里．【特集　20世紀の医学図書館をふりかえって】病院図書館のあゆみから未来へつなぐ．医学図書館　2000;47(4):358-371

27　足立純子．Hortford 病院における Clinical Medical Librarian プログラムの研修報告．医学図書館 1981;28(3):227-235

28　坂巻弘之、津谷喜一郎、山崎茂明、廣瀬美智代、宇山久美子、中嶋宏.

書館の課題解決に向けたビジネス・フレームワークの活用．病院図書館　2015;34(1):73-80
4　日本医療機能評価機構　病院機能評価事業　https://www.jq-hyouka.jcqhc.or.jp/
5　奥出麻里．病院機能評価新評価体系を初受審して．日本病院会雑誌　2004;51(3):428-434
6　近畿病院図書室協議会設立総会開催．近畿病院図書室協議会会報　1974;1(1)：1-7
7　後藤久夫．病院図書室研究会の発足にあたって．ほすぴたるらいぶらりあん　1976;(2):1
8　近畿病院図書室協議会　http://www.hosplib.info
9　奥出麻里．第８章　文献検索 2．病院図書室デスクマニュアル病院図書室研究会デスクマニュアル編集委員会編集　病院図書室研究会　2001　p. 74-86
10　図書サービス．病院機能標準化マニュアル　日本病院会医療制度委員会編　日本病院会　1991 p.219-224
11　LITERIS リテリス：図書館員によるウェブ医学医療情報リソース選集アーカイブ　http://literis.umin.jp/archive/index.html
12　岩下 愛．ごぞんじですか？リテリス：保健・医療系図書館員「みんなでつくる」デスクトップ http://literis.umin.jp/ 専門図書館　2007;(226):44-48
13　日本インターネット医療協議会　http://www.jima.or.jp/
14　LITERIS：Health Science Librarians' Desk　リテリス：保健・医療系図書館員「みんなでつくる」デスクトップ　http://literis.umin.jp/
15　日本医学図書館協会認定資格制度　http://plaza.umin.ac.jp/~jmla/nintei/index.html

12 JDream Ⅲ 複写サービス http://jdream3.com/lp/copy/index.html?jst
13 国際医学情報センター IMICOrder https://order.imic.or.jp

【5章】

1 奥出麻里. 加盟館紹介 川崎製鉄健康保険組合千葉病院図書室. 医学図書館 1998;45(3):300-301
2 奥出麻里. 講義10 図書館で使えるおすすめウェブ紹介. 日本医学図書館協会主催第7回医学図書館員基礎研修会テキスト 第7回医学図書館員基礎研修会実行委員会, 2000. p.121-136
3 阿部信一、奥出麻里. 図解PubMedの使い方：インターネットで医学文献を探す 日本医学図書館協会 2001
4 奥出麻里. 病院図書館員のためのウェブページ・フォリオ "folio" http://www.hosplib.org/folio/：インターネット利用による共同事業モデルとして. ほすぴたるらいぶらりあん 1998;23(3):87-92
5 医学中央雑誌刊行会 http://www.jamas.or.jp/index.html
6 大学図書リストラ:海外誌値上がり円安追い打ち:電子版残し「紙」削減 朝日新聞 2014年4月17日 夕刊1面
7 こんにちはブレインテックです 第81回 医療法人社団誠馨会千葉メディカルセンター 千葉中央看護専門学校 2016年1月. ブレインテック News Letter 2016;25(1):4-6

【6章】

1 司書について：文部科学省 http://www.mext.go.jp/a_menu/shougai/gakugei/shisyo/
2 図書館法 http://law.e-gov.go.jp/htmldata/S25/S25HO118.html
3 佐藤正惠. エンベディッド・ライブラリアンをめざして：病院図

委員会編　日本病院会　1991 p.219-224

【4章】

1 奥出麻里. ホームページ作成ガイド. 薬学図書館 1997;42(4):407-413
2 Vice President Al Gore Launches Free MEDLINE　NLM Newsline 1997;52(2-4) https://www.nlm.nih.gov/archive/20040423/pubs/nlmnews/maraug97.html#Gore
3 製薬社員はコピーマン：研究者に頼まれ阪大医系図書館へ　朝日新聞　大阪版 1993 年 1 月 23 日　夕刊 1 面
4 いやとは言えぬつらい立場：阪大出入り製薬会社の文献コピー　朝日新聞　大阪版 1993 年 1 月 23 日　夕刊 1 面
5 製薬社員の文献コピー料、年 1 億円：関西の医系大学図書館　朝日新聞　大阪版 1993 年 2 月 4 日　朝刊 1 面
6 山室眞知子、野原千鶴、飯田育子. 製薬会社の文献情報サービス自粛による影響：病院図書室ネットワークによるアンケート調査の分析. 情報管理　1994;37(9):759-770
7 野原千鶴 , 種村一郎 , 奥出麻里 , 長谷川湧子 , 山室眞知子. 病院図書室の Virtual Medical Library への取り組みと医療情報電子検索システム. 医学図書館　1997;44(3):356-363
8 国立情報学研究所目録所在情報サービス　https://www.nii.ac.jp/CAT-ILL/
9 NACSIS-ILL 統計情報　https://www.nii.ac.jp/CAT-ILL/archive/stats/ill/reqnum.html
10 医学中央雑誌刊行会　文献複写サービス http://www.jamas.or.jp/service/service_o/copy.html
11 JST 所蔵資料複写　https://jipsti.jst.go.jp/copy_s/

dl.ndl.go.jp/info:ndljp/pid/1866385
4 International Classification of Diseases http://www.who.int/classifications/icd/en/
5 奥出麻里.【特集 医学中央雑誌創刊110周年】「医学中央雑誌」「医中誌 Web」へ寄せる思い. 医学図書館 2014;61(1):49-51
6 光斎重治、奥出麻里ほか. 世界のライブラリアンとの出会い：5th ICML. 医学図書館 1985;32(4):408-415

【3章】

1 奥出麻里. 病院図書室における応答式図解利用マニュアルの作成と評価. 医学図書館 1986;33(3)：238-252
2 奥出麻里. プレゼン用ソフトによる図書室利用ガイド. ほすぴたるらいぶらりあん 1995;20(3):107-109
3 奥出麻里. 医学文献検索法の授業展開. 看護教育 1991;32(6):353-356
4 吉野君子. オンライン情報検索の再考：主に医学・薬学・生物学・自然科学・環境科学. 医学図書館 1991;38(4):409-416
5 三輪真木子. サーチャーの時代：高度データベース検索 丸善 1986
6 中山康子、奥出麻里. 病院図書室における MEDLINE CD-ROM と医中誌 CD-ROM の利用. 医学図書館 1994;41(3):286-293
7 大西盛光. 特別講演 メディアとしての言葉とその概念：特に癌と死について. ほすぴたるらいぶらりあん 1993;18(2):30-32
8 奥出麻里. 資料の選択・利用・管理. 病院図書室マニュアル：病院図書室職員養成セミナー講義録 第3回病院図書館員養成セミナー実行委員会編 病院図書室研究会 1993 p.22-45
9 図書サービス. 病院機能標準化マニュアル 日本病院会医療制度

p.15-16.

14　菅谷章．近代病院への夜あけ．日本の病院：そのあゆみと問題点．（中公新書；600）中央公論社 1981. p.13-20

15　前田昭子．図書室の歴史．日本赤十字社医療センター百年の歩み．日本赤十字社医療センター 1991. p.300-306

16　倉紡図書館．回顧六十五年．倉敷紡績株式会社社史編纂委員会編．倉敷：倉敷紡績株式会社 ;1953. p.250-253

17　図書．創立十周年記念倉敷中央病院誌．倉敷：倉敷中央病院 ;1933. p.77

18　足立純子．図書室．聖路加国際病院八十年史．聖路加国際病院 1982. p.212-214

19　日本医療機能評価　病院機能評価事業 http://jcqhc.or.jp/works/evaluation/

20　山室眞知子．患者図書サービスからみた健康・医療情報．医学図書館 1995;42(1):55-58

21　下原康子．私の視点　データベース　医学文献の無料公開を 朝日新聞 2004 年 3 月 6 日　朝刊 15 面 http://shimohara.net/nitona/kiseki/watashinoshiten.htm

22　図書館連携による健康支援事業　めりーらいん ME-LI.LINE http://www.aichi-med-u.ac.jp/meliline/pc/about/index.html

【2 章】

1　奥出麻里．昭和 53 年度図書室利用統計並びに現況　川鉄病院誌 1979;(12):52-53

2　How to use a medical library 5th ed. by Leslie T. Morton. Heinemann Medical, 1971

3　国立国会図書館デジタルコレクション　醫學中央雜誌　http://

本文注記

【1章】

1　国立情報学研究所　目録所在情報サービス　http://www.nii.ac.jp/CAT-ILL/

2　医中誌 Web　http://www.jamas.or.jp/service/index.html

3　メディカルオンライン　http://www.medicalonline.jp

4　PubMed　http://www.ncbi.nlm.nih.gov/pubmed/

5　NLM Classification https://www.nlm.nih.gov/class/

6　Letourneau CU. A history of hospitals. J Int Coll Surg 1961;35(4):527-549

7　水野肇. われらの病院:その成り立ちと問題点. 水野肇の病院学 1. われらの病院へ. 日本評論社　1985. p.27

8　Hospital libraries and collections : History of hospital libraries. Encyclopedia of Library and Information Science. v. 11. New York:Marcel Dekker;1974. p.22-23

9　Holst R. Hospital libraries in perspective. Bull Med Libr Assoc 1991;79(1):1-9

10　Bell WJ Jr. The old library of the Pennsylvania Hospital. Bull Med Libr Assoc 1972;60(4):543-550

11　Thompson KS. America's oldest medical library: the Pennsylvania Hospital. Bull Med Libr Assoc 1956;44(4):428-430

12　Myers GW. Medical libraries in hospitals. Med Libr Hist J 1905;3(2):282-287

13　小野田敏郎 . わが国の病院史 . 病院学通論 . 日本病院共済会 ;1985.

表 3-1　2015 年看護専門学校「看護文献検索法」レジメ　*74*
表 4-1　ILL 相互貸借件数推移（抜粋）*101*
表 6-1　日本医学図書館協会の旧加盟基準 *136*
写真 1-1　千葉メディカルセンター図書室 *25*
写真 1-2　1932（昭和 7）年頃の聖路加国際病院医学図書室　*33*
写真 2-1　目録カード例 *42*
写真 2-2　雑誌特集記事索引カード例　*45*
写真 2-3　製本雑誌例　引越を機会に製本雑誌の色を変更　*48*
写真 2-4　ILL 用の往復ハガキ例　*50*
写真 2-5　最初の図書室（左写真筆者）*63*
写真 3-1　MEDLINE EXPRESS CD-ROM、医学中央雑誌 CD-ROM 導入　*85*
写真 4-1　当時の Mac と周辺機器　*92*
写真 4-2　引っ越し中の筆者 *104*
写真 4-3　移転直後 *104*
写真 6-1　IFLA シンガポール大会 *148*
写真 7-1　患者図書コーナー *160*
写真 7-2　引っ越し中　旧図書室　*161*
写真 7-3　引っ越し後片づけ中の筆者　新図書室 *161*
写真 7-4　千葉中央看護専門学校図書室 *164*
写真 7-5　千葉中央看護専門学校図書室にて　成毛モモさんと *164*

【図・表・写真索引】

図 1 -1　「医中誌 Web」の画面から　*13*
図 1-2　他のデータベースへリンクを示すアイコン　*14*
図 1-3　「PubMed」でウラをとる　*16*
図 1-4　ネット上で論文の PDF をダウンロード　*17*
図 1-5　千葉メディカルセンター図書室レイアウト　*25*
図 2-1　最初の図書室レイアウト *63*
図 3-1　図書室レイアウト　*85*
図 4-1　Mac 爆弾と SadMac　*94*
図 4-2　最初の図書室ホームページ　*96*
図 4-3　PubMed　1999 年頃のホームページ　*98*
図 4-4　Virtual Medical Library 画面　*102*
図 5-1　医中誌 Web 画面　*114*
図 5-2　「高血圧」と入力し検索　*114*
図 5-3　「ディオバン」を検索　*115*
図 5-4　「高血圧」と「ディオバン」を掛け合わせる *116*
図 5-5　アイコンいろいろ　*117*
図 5-6　アイコンをクリックする *118*
図 5-7　論文の全文電子ジャーナルを読む　*118*
図 5-8　文献の詳細表示　*119*
図 6-1　LITERIS フロントページ　*134*
図 6-2　LITERIS のロゴ　*135*
図 6-3　『図解 PubMed の使い方：インターネットで医学文献を探す』第 7 版　*140*
図 6-4　MIS23 千葉大会ロゴ入り記念グッズ　*145*
表 1-1　千葉メディカルセンター図書室概要　*26-27*
表 2-1 プラン 1977　*55*
表 2-2　昭和 53 年度図書室利用統計並びに現況（抜粋）*58*

Classification *22, 43*
NDC *43*
New York Hospital *31*
Nifty Serve *82*
NII *12*
NLMC *22, 43, 76*
Pennsylvania Hospital *31*
PubMed *16, 98, 140*
Research Librarian *155, 156*
Systematic Review *155*
Virtual Medical Library *101, 102, 134, 175*
VML *101, 110, 133*

Evidence based Medicine *155*
Health Research Librarian *155*
ICD *62*
ICML *69*
IFLA *149*
ILL *7, 12, 15, 18, 19, 22, 23, 40, 45, 49, 51, 59, 80, 98, 99, 100, 101, 102, 103, 162*
IM *47*
IMIC *103*
Index Medicus *47, 48, 57, 58, 140*
Infomationist *155, 156*
INFOSTA *149*
Inter Library Loan *12*
International Classification of Diseases *62*
International Standard Book Number *11*
International Standard Serial Number *13*
ISBN *11*
ISSN *13, 100*
Japan Medical Library Association *136*
JBC *53*
JDream *15, 36, 39, 80, 103, 120*
JFE健康保険組合川鉄千葉病院
→川鉄千葉病院
JLA *148*
JLIX *84, 165*
JMLA *100, 107, 108, 110, 137, 139, 146*
JOIS *80, 81, 100*
Journal of Biomedical Chemistry *53*
KINTORE *132*
KITOCat *132*
Life Sciences Informationist *156*
Link Source *14*
LISA *80*
LITERIS *133, 134, 135*
LS *14, 15, 148*
Medical Library Association *31, 137, 156*
Medical Research Librarian *155*
Medical Subject Heading *46*
MEDLINE *66, 80, 82, 86, 97, 100, 141*
MeSH *46, 47*
MIS *96, 142-149*
MLA *137, 155*
NACSIS-CAT *102*
NACSIS-ILL *18, 19, 101, 102, 103*
NACSIS-IR *81, 100*
National Institute of Informatics *12*
National Library of Medicine

【や】

山本俊一 *70*
予算 *28, 38, 39, 55, 58, 65, 86, 122, 123*

【ら】

ライフサイエンス図書館員研究会 *142*
ライフサイエンス・ライブラリアンズちば *144*
リクエスト *38*
リサーチ・ライブラリアン *155*
利用案内 *24, 26, 40, 56, 65, 71, 72, 73*
リンクリゾルバ *14, 26, 39, 121*
臨床医学司書 *155*
レファレンスサービス *26, 40, 58*

【わ】

ワープロ *67*

【ABC順】

American Medical Association *31*
BL *52*
BLDSC *52*
BLLD *52*
British Library *52*
British Library Document Supply Centre *52*
British Library Lending Division *52*
BRS *80*
CD-ROM *83, 84, 86, 120, 141*
CIM *47*
CiNii *15*
Clinical Medical Librarian *155, 156*
Clinical Research Libraria *155*
CML *69, 155*
Cumulated Index Medicus *47, 58*
Current Contents *58, 82*
EBM *155, 156*
EMBASE *80*
Embedded Librarian *156*
E-Page *10*
Epub ahead of print *12*

図書館運営規程 *54*
図書館サポートフォーラム *148*
図書館法 *125, 126, 127*
虎の門病院図書室 *138*

【な】

長崎大学医学部 *32*
ニフティーサーブ *82*
日本医学図書館協会 *51*
日本医療機能評価機構 *56*
日本インターネット医療協議会 *148*
日本十進分類法 *43*
日本赤十字社 *31*
日本端末研究会 *142, 148*
日本図書館協会 *148*
日本図書館情報学会 *148*
日本病院ライブラリー協会 *57, 87, 123, 132*

【は】

廃棄 *28, 40, 76, 105, 162*
白門ライブラリアンズ *148*
橋本文庫 *32*
パソコン通信 *66, 82, 140*
東日本大震災 *151*
病院機能標準化マニュアル *88*
病院機能評価 *89*
病院図書館員認定制度 *134, 137*
病院図書室研究会 *50, 57, 60, 87, 88, 96, 131-134, 137, 146*
病院機能評価 *35*
病図協 →近畿病院図書室協議会
病図研 →病院図書室研究会
平川裕子 *49, 51, 52, 59, 143, 146, 147*
ファイルメーカープロ *84, 163*
府内病院 *32*
文献依頼 *11, 20*
文献複写 *11, 19, 26, 58, 100, 101, 103, 137, 175*
米国医学会 *31*
米国医学図書館協会 *31*
米国国立医学図書館分類法 *22*
ヘルスサイエンス情報専門員 *27, 137*
ポンペイ *32*

【ま】

未着 *21, 38, 48, 56, 77, 78, 167*
三井記念病院 *51, 61*
メディアドクター研究会 *148*
メディカルオンライン *14, 26, 39, 74, 116, 117*
メドライン *66*

小石川療養所　*32*
国際医学情報センター　*103*
国際医学図書館会議　*69*
国際標準逐次刊行物番号　*100*
国立情報学研究所　*12*
国立東京第二病院文献情報センター　*60*
根拠に基づく医療　*155*
コンスタンティヌス　*30*
今まど子　*43, 109, 149*

【さ】

サーチャー　*79*
サーチャー試験　*79*
サーチャーの会　*149*
サーチャーの時代　*81*
司書資格　*125, 126*
システマテックレビュー　*155*
順天堂大学図書館　*45*
ジョイス　*80*
情報科学技術協会　*79, 149*
情報館　*21*
書誌事項　*11*
除籍　*40*
除籍マニュアル　*76*
診療ガイドライン　*20, 156*
診療支援ツール　*39*
スエッツ社　*77*
図解PubMedの使い方　*108, 109, 139-141*
生物医学図書館員研究会　*142, 148*
製本　*48*
聖路加国際病院　*33*
セルフ貸出　*11, 23, 124*
セルフ返却　*124*
全国患者図書サービス連絡会　*148*
選書　*38*
相互貸借　*11*

【た】

チェックタグ　*14*
千葉県がんセンター図書室　*49*
千葉大学附属図書館亥鼻分館　*50*
千葉中央看護専門学校　*73, 123*
千葉メディカルセンター図書室　*24*
ディオバン事件　*115, 120*
データベース検索技術者認定試験　*79*
電子資料　*26, 28, 29, 39, 122*
電子ジャーナル　*14, 15, 16, 23, 26, 28, 29, 38, 39, 79, 103, 106, 113, 117, 118, 120, 121, 122, 133, 162*

索引

【あ】

アルメイダ，ルイス　*32*
医学雑誌の特集索引　*46*
医学情報サービス研究大会　*96, 142, 144*
医学中央雑誌　*12, 47, 57, 58, 59, 60, 85, 103, 113,*
医中誌Web　*12, 15, 26, 36, 39, 60, 74, 103, 113-115*
医図学ネット　*148*
医療機能評価機構　*89, 125, 128*
医療系図書館員学びネット　*148*
医療情報コーナー　*159*
インデックスメディカス　*47*
インフォメーショニスト　*155*
エンベディッド・ライブラリアン　*155, 156*
オリエンテーション　*26, 40, 65*
オンライン検索　*66, 67, 79, 100*
オンラインジャーナル　*39*

【か】

外国雑誌　*21, 26, 27, 29, 53, 76-79, 112, 165*
川崎製鉄健康保険組合千葉病院　→川鉄千葉病院
川鉄千葉病院　*24, 28, 41-61, 100, 103, 106, 108-109, 111-112, 152*
川鉄千葉病院看護専門学校　*28, 73, 74, 123, 124, 154, 164, 165,*
川鉄病院付属看護学院　*73-76*
川鉄病院誌　*57, 76*
患者図書コーナー　*20, 27, 29, 36, 160*
キトキャット　→KITOCat
極東価格　*78*
桐　*83-84*
近畿病院図書室協議会　*57, 101, 110, 130, 131, 132*
キントレ　→KINTORE
倉敷中央病院　*32, 139*

著者紹介

奥出 麻里（おくで・まり）

植草学園大学事務局学術情報室長。植草学園大学・植草学園短期大学図書館勤務。獨協大学外国語学部卒。中央大学大学院文学研究科博士課程前期修了（修士、社会情報学）。川崎製鉄健康保険組合千葉病院（現・医療法人社団誠馨会千葉メディカルセンター）を経て2016年より現職。

著書に『図解 PubMed の使い方』（共著、2001年、日本医学図書館協会）がある（現在7版）。ほか論文多数。科学技術庁認定のデータベース検索技術者二級、ヘルスサイエンス情報専門員上級。受賞歴：日本医学図書館協会賞（2003年）、図書館サポートフォーラム賞（2012年）。

<図書館サポートフォーラムシリーズ>

病院図書館の世界
　—医学情報の進歩と現場のはざまで

2017年3月25日　第1刷発行

著　者／奥出麻里
発行者／大高利夫
発行所／日外アソシエーツ株式会社
〒140-0013 東京都品川区南大井6-16-16鈴中ビル大森アネックス
電話 (03)3763-5241(代表) FAX(03)3764-0845
URL http://www.nichigai.co.jp/
発売元／株式会社紀伊國屋書店
〒163-8636 東京都新宿区新宿 3-17-7
電話 (03)3354-0131(代表)
ホールセール部(営業) 電話 (03)6910-0519

組版処理／日外アソシエーツ株式会社
印刷・製本／株式会社平河工業社

《中性紙三菱クリームエレガ使用》

ISBN978-4-8169-2649-5　*Printed in Japan,2017*

図書館サポートフォーラムシリーズの刊行にあたって

図書館サポートフォーラムは、図書館に関わる仕事に従事し、今は「卒業」された人達が、現役の図書館人、あるいは、図書館そのものを応援する目的で、1996年に設立されました。このフォーラムを支える精神は、本年で16回を数えた「図書館サポートフォーラム賞」のコンセプトによく現れていると思います。それは、「社会に積極的に働きかける」「国際的視野に立つ」「ユニークさを持つ」の三点です。これらについては、このフォーラムの生みの親であった末吉哲郎初代代表幹事が、いつも口にしておられたことでもあります。現在も、その精神で、日々活動を続けています。

そうしたスピリットのもとに、今回「図書館サポートフォーラムシリーズ」を刊行することになりました。刊行元は、事務局として図書館サポートフォーラムを支え続けてきている日外アソシエーツです。このシリーズのキーワードは、「図書館と社会」です。図書館というものが持っている社会的価値、さらにそれを可能にするさまざまな仕組み、こういったことに目を注ぎながら刊行を続けてまいります。

図書館という地味な存在、しかしこれからの情報社会にあって不可欠の社会的基盤を、真に社会のためのものにするために、このシリーズがお役にたてればありがたいと思います。

2014年10月

シリーズ監修

山﨑　久道（図書館サポートフォーラム代表幹事）

末吉　哲郎（図書館サポートフォーラム幹事）

水谷　長志（図書館サポートフォーラム幹事）